给孩子

# 说说这些『废话』

彩色斑马童书馆◎编著

贵州出版集团
贵州人民出版社

**图书在版编目（CIP）数据**

睡前，给孩子说说这些"废话" / 彩色斑马童书馆
文图. -- 贵阳：贵州人民出版社，2024.7
ISBN 978-7-221-18365-1

Ⅰ.①睡… Ⅱ.①彩… Ⅲ.①家庭教育 Ⅳ.①G78

中国国家版本馆CIP数据核字（2024）第101354号

SHUI QIAN，GEI HAIZI SHUOSHUO ZHEXIE "FEIHUA"

# 睡前，给孩子说说这些"废话"

彩色斑马童书馆　编著

出 版 人　朱文迅
责任编辑　张　芊
装　　帧　天下书装
文　　稿　李　晓

出版发行　贵州出版集团　　贵州人民出版社
地　　址　贵阳市观山湖区中天会展城会展东路SOHO公寓A座
印　　刷　香河县宏润印刷有限公司
版　　次　2024年7月第1版
印　　次　2024年7月第1次印刷
开　　本　710毫米×1000毫米　　1 / 16
印　　张　10
字　　数　100千字
书　　号　ISBN 978-7-221-18365-1
定　　价　49.80元

# 前言

在这个信息爆炸的时代，我们似乎总在追求高效、实用的沟通方式，却忽略了最简单、最真挚的情感交流，尤其是在亲子沟通方面，这样的问题更为明显。

对于 5 ~ 10 岁的孩子来说，他们正处于好奇心旺盛、想象力丰富的阶段，他们需要的不仅仅是知识的灌输，还有情感的滋养和陪伴。如果我们忽略了与他们的交流和沟通，也许会产生一系列消极的后果，比如亲子关系疏远、孩子情感发育不健全，抑或孩子的学习和成长受到影响等。面对这个问题，很多家长反映：平时工作都很忙，没有太多时间跟孩子聊天，再加上小孩子与大人的认知相差巨大，很难找到孩子感兴趣的话题。其实要想解决这些困扰非常简单。我们都知道，睡前是一天中最放松、最温馨的时刻。当孩子们躺在柔软的床上，准备进入甜美的梦乡时，家长们的每一句话，都可能成为他们心中的一颗种子，生根发芽，茁壮成长。所以，跟孩子交流完全不用刻意去占用其他宝贵的时间，就利用睡前十几分钟，多跟孩子聊聊那些看似没用的"废话"就够了。

睡前多聊聊"废话"，可以让孩子们觉得父母在乎、关心他们。要知道，孩子在学校里学习了一天，回家肯定是不希望听你唠叨"看书""做作业"的话题的。我们不妨问问孩子"今天玩得开心吗？"或者"有没有什么想跟妈妈说的？"，让孩子感受到家长的关爱。这样的交流，不仅能增进亲子关系，还能让孩子在情感上得到满足。聊聊"废话"还能锻炼孩子的思维和表达能力。小孩子嘛，好奇心重，想象力也丰富。聊天的时候，我们不要正襟危坐地教育他们，而是应该跟他们一起想象，一起编造。比如说，"如果你像奥特曼一样拥有超能力，你会做什么呢？"，孩子们对这种话题基本上都很感兴趣，一来二去，孩子的想象力就被激发出来了，表达能力也提高了。而且，聊聊"废话"还能让孩子学到一些人生道理。大人阅历丰富，有些经验、看法，孩子现在还不懂。咱们不能板着脸跟他们讲大道理，而是应该在聊天的时候顺嘴提一下。比如，孩子说今天跟同学闹了点矛盾，我们就可以告诉他们："人与人之间总会有摩擦，关键是要学会沟通，学会理解。"这样，孩子就能在轻松愉快的氛围中，学到一些真正有用的东西。

所以家长别小看睡前聊聊"废话"的作用。它可能看起来没那么重要，却能给孩子带来很多意想不到的好处。本书精选的 142 个与孩子息息相关的小话题，可以帮家长们更好地跟孩子聊天，更好地陪伴孩子成长。里面有很多实用的小技巧和小建议，家长们要是感兴趣的话，就翻开看看吧。相信它一定能给我们带来很多启发！

# 目录

## 一 自我认知

## 🔵 想象力和创造力

## 五 亲子关系

## 六 社交能力

## 七 处理问题的能力和危机意识

## ⑧ 情绪管理能力

一 自我认知

## ❶ 你感觉自己比较擅长做哪些事情？

🕐 时间：

👣 地点：

🧒 童言无忌：

### 专家点拨

一个人的自我认知能力是其他一切能力的前提，引导着我们的思维和执行力，也是人进行日常活动的基础。所以，自我认知能力的培养对孩子来说是非常重要的。但很多孩子对自我的认知是很模糊的，因此需要家长去引导和探索。跟孩子多聊"擅长的事情"这类话题，可以帮助孩子发现和挖掘自己的优势，让孩子能清晰地认识自己，从而产生积极的心理暗示，形成积极的自我认知。另外，家长借此机会也可以更了解自己的孩子，有方向地引导孩子发展自己的特长。

## ② 如果老师让你当组长，你应该怎么做？

🕐 时间：....................................................

👣 地点：....................................................

🧒 童言无忌：....................................................

....................................................

....................................................

专家点拨

　　美式教育有一项很重要的内容，那就是领导力培养。他们认为，儿童天生就具备领导才能，但这种才能是潜在的，需要我们激发和引导。家长可以和孩子聊"你是否想当组长？当了组长会怎么做？""组内有人不听指挥应该怎么处理？"等问题，让孩子开动脑筋去思考，激发孩子对自身领导能力的探索。此外，家长可以告诉孩子正确的做法，帮助孩子了解如何做好一名组长，从而培养孩子的自我认知能力和领导能力。

## ③ 你会用哪三个词形容自己？为什么？

🕐 时间：..................................................................

👣 地点：..................................................................

😊 童言无忌：.........................................................

..................................................................

..................................................................

### 专家点拨

　　从理论上来讲，这个话题与自我概念和积极心理学相关。所谓的"自我概念"就是个体对自己的认知、评价和理解，而积极心理学研究发现，个体的主观幸福感能让人产生积极心理。让孩子选择三个词来描述自己，可以帮助他们建立积极的自我概念，增强对自身优势的认知，从而培养孩子的积极情绪和自尊心。另外，年龄较小的孩子词语储备量有限，家长也可以借由这样的话题，丰富孩子的词汇量，培养孩子的语言表达能力，挖掘孩子的语言天赋。

**4** 你最喜欢自己的地方和最不喜欢自己的地方在哪里？为什么？

⏰ 时间：......................................................

👣 地点：......................................................

😊 童言无忌：..................................................

..................................................

..................................................

**专家点拨**

　　这个话题与自我认知和自尊心相关。通过讨论，孩子可以深入思考自己的个性、能力和需求，增进对自己的认知。这类话题可以帮助家长更加了解自己的孩子。同时，通过与孩子沟通，家长可以告诉孩子，每个人都有性格上的优势和弱势，有弱势不代表就不优秀，既然有弱势，我们就要想办法改变，从而让自己变得更优秀。这样不仅可以让孩子认识到自己的优势，接纳自己的不足，还可以锻炼孩子正视自己的勇气。

**5** 你喜欢和年龄大点的孩子还是年龄小点的孩子玩？为什么？

⏰ 时间：

👣 地点：

🧒 童言无忌：

---

**专家点拨**

　　我们都知道，积极的朋友关系可以促进双方共同成长，但年龄比较小的孩子认知能力有限，交朋友全凭喜好，根本无法辨别当前的朋友关系是否积极，这时，就需要家长有意识地去引导了。这个话题就是很好的引导。如果孩子喜欢与大孩子玩耍，那么家长可以告诉孩子："哥哥姐姐身上有很多你不知道的知识和技能，宝贝可以多观察、多学习。"如果孩子愿意与年龄小的孩子玩耍，则可以引导孩子去爱护弟弟妹妹，不能欺负人。这样不仅可以锻炼孩子的社交能力，培养孩子的爱心和耐心，还能帮助孩子学会判断朋友好坏，认识多元社会，从而引导孩子正向成长。

## ❻ 你遇到的最难做的事情是什么？为什么？

时间：

地点：

童言无忌：

**专家点拨**

　　自我效能理论指出，人们对自己能否完成任务的信念会影响他们的行为和努力程度。所以，家长可以偶尔问孩子这个问题，随时了解孩子是否有困难的事情无法处理。家长的倾听和理解能让孩子觉得自己并非孤立无援，从而增强孩子解决困难的信念感。了解孩子所面临的困难后，家长可以协助和引导他们找到解决问题的方法和策略，教导孩子如何面对挑战、克服困难，从而培养他们解决问题的能力。

**7** **你最喜欢做的事情是什么？为什么？**

🕐 时间：.................................................

👣 地点：.................................................

👧 童言无忌：...........................................

....................................................................

....................................................................

**专 家 点 拨**

　　20 世纪 80 年代，美国心理学家 Edward L. Deci 和 Richard M. Ryan 提出了自我决定理论，指出满足基本的心理需求（如自主性、归属感和能力感）是人类内在动机和积极行为的基础。家长可以让孩子自己整理出"最喜欢做的事情"及其原因，从而引导孩子找到自己的兴趣爱好，激发他们对生活的热情和积极性，这样就能在无形中增强孩子的自尊心和自信心。在更好地了解孩子的兴趣和喜好后，家长可以为孩子提供相应的指导和资源，从而激发孩子的学习动力，提高学习效率。

### 8 让你记忆最深刻的事情是什么?

⏰ 时间: ........................................................

👣 地点: ........................................................

 童言无忌: ................................................

........................................................

........................................................

## 专家点拨

　　在孩子单纯的心灵中,开心的事情会比不开心的事记得更久。家长可以在睡前多跟孩子聊这个话题,帮助孩子回忆和分享自己珍贵的经历,引导孩子打开心灵之门,建立积极的自我认同感。家长也可以通过询问孩子记忆最深刻的事情来了解他们的感受和体验,给予孩子积极的反馈和鼓励,让孩子感受到被重视和被支持,使孩子加深对过去经历的理解,促进亲子交流。

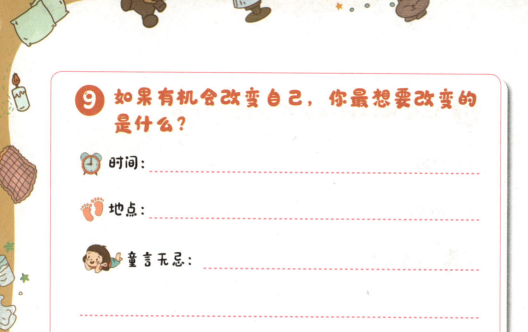

**9 如果有机会改变自己，你最想要改变的是什么？**

⏰ 时间：..............................................................

👣 地点：..............................................................

👧 童言无忌：..........................................................

...........................................................................

...........................................................................

**专家点拨**

　　根据自我决定理论和反思理论，满足基本的心理需求并反思自己的不足是个人成长和发展的关键。这个话题能让孩子学会反思自己。通过思考想要改变的地方，孩子能够清楚地认识到自己的不足，了解自己的目标和愿望，激发起改进自我的意愿。同时，这也为家长提供了一个了解孩子内心世界的机会。孩子的认知毕竟有限，家长在了解了孩子的内心需求后，可以对孩子做出正确指导，引导他们思考如何改变这些不足的地方。这样就可以培养孩子的自我认知能力和勇于面对问题的性格，让孩子积极健康地成长。

**⑩ 妈妈给你讲了那么多绘本，你最喜欢哪一本？**

🕐 时间：.......................................................

👣 地点：.......................................................

🧒 童言无忌：.......................................................

.......................................................

.......................................................

专家点拨

　　阅读对于儿童的认知和情感发展都有着非常重要的影响，所以，很多家长对孩子阅读习惯的培养非常重视。但对于低龄儿童，一些书或许看几遍也很难真正理解其中的意思，因此家长需要带着孩子多回味、多理解。睡前跟孩子聊聊这个话题，让孩子回忆和复述自己喜欢的故事、角色或图画，可以起到温故而知新的作用，进一步培养他们对阅读的积极态度。这个话题还可以帮助家长了解孩子的阅读偏好，选择适合孩子阅读的绘本，进一步激发孩子对书和故事的兴趣。

## 你最喜欢的玩具是什么？

时间：

地点：

童言无忌：

### 专家点拨

　　游戏理论指出，游戏、玩具是发展儿童认知、情感和社交能力的最好教具，孩子对游戏、玩具的喜欢程度超过了其他大部分东西。睡前跟孩子聊聊玩具的问题，家长就可以更深入地了解孩子的兴趣和喜好，从而融入孩子的世界，跟孩子一起分享和讨论有关玩具的经历和故事，也能增进亲子间的情感联系。家长可以观察孩子在沟通过程中所展现的想象力、创造力、社交能力等，正确引导孩子的自我认知。

## ⑫ 如果可以养一只宠物，你最想养哪种动物？

🕐 时间：_____

👣 地点：_____

👶 童言无忌：_____

_____

_____

### 专家点拨

　　儿童一般是通过与周围环境进行互动来建立自己的认知模式的，而最容易吸引孩子与之互动的便是可爱的宠物。这个话题能让孩子通过思考不同动物的特点、需求，加深对动物的了解，培养责任感。另外，家长应倾听孩子对不同动物的描述，与他们共同探讨宠物养育的方方面面，从而增进亲子之间的情感联系。通过照料宠物，孩子会在一定程度上与父母共情，理解父母养育自己的不易。

## ⑬ 爸爸（妈妈）生气，吼了你，你有什么感受？

⏰ 时间：............................................................

👣 地点：............................................................

👧 童言无忌：............................................

............................................................

............................................................

### 专家点拨

　　一些家长对自家的"熊孩子"总是忍不住吼骂，以表达对孩子"不听话"的愤怒。其实，用吼骂的方式教育孩子，不但不能让孩子听话，还容易激起孩子的逆反心理。跟孩子聊聊这个话题，家长可以深入地了解孩子在这样的情境下所经历的情绪和心理体验，从而捕捉到孩子的情感和心理需求，意识到大人的行为对孩子的影响后，适当地做出调整。另外，与孩子一同分享、复盘，也能让孩子了解父母生气的原因，达到彼此理解和尊重的目的。这不仅有助于增强孩子对父母的信任，还能减轻孩子的逆反情绪。

**14** 如果在学校里有人不喜欢你，你会怎么做呢？

⏰ 时间：........................................

👣 地点：........................................

🧒 童言无忌：........................................

........................................

........................................

**专家点拨**

　　每个孩子都有交友的需求和自尊心，但交友并不一定每次都能顺利，总会遇到自己不被接纳的时候。所以，家长应跟孩子聊聊这个话题，预先为孩子做好心理建设，接受"会有人不喜欢你"的现实，在遇到这种事时知道应该怎么想、怎么做。通过讨论，家长可以帮助孩子树立积极的心态，增强孩子的自我认知和自信心，从而能更好地应对类似的挑战，不至于在遇到类似情况的时候受到打击。同时，家长也可以通过这个问题，教孩子掌握社交技巧，培养积极的人际关系。

## 15 我们交换一个小秘密，怎么样？

🕐 **时间**：.............................................................................

👣 **地点**：.............................................................................

🧒 **童言无忌**：.......................................................................

...........................................................................................

...........................................................................................

### 专家点拨

　　亲子依恋理论指出，良好的亲子关系对儿童健康成长至关重要。家长跟孩子分享"小秘密"，很容易打破孩子的心理壁垒，让孩子感受到家长对他们的尊重和信任，从而提高孩子与家长的亲密度。分享秘密可以激发孩子的好奇心。通过交换秘密，家长可以引导孩子用合适的语言表达自己内心深处的想法和感受，并学会倾听和保守他人的秘密，从而培养孩子的沟通技巧和表达能力。不过，在聊这个话题的时候，家长需要给孩子提供一个自由、开放的环境，让孩子有足够的安全感，这样更容易让孩子打开心扉。

## 16 你喜欢海洋还是沙漠？为什么？

🕐 时间：......................................................................

👣 地点：......................................................................

🧒 童言无忌：..............................................................

......................................................................

......................................................................

**专家点拨**

　　海洋和沙漠在心理学上都是非常有指向性的事物，海洋一般给人的感觉是宽阔、豁达、阳光的，而沙漠会让人想到缺水、贫瘠、条件艰苦。在睡前跟孩子讨论一下对海洋或沙漠的喜欢程度以及原因，可以帮助家长更好地了解孩子的内心世界和个性特点，引导和促进他们健康的人格发展。除此以外，家长可以通过讲解海洋和沙漠的特点、生物种类等相关知识，帮助孩子开阔视野，培养好奇心，引起孩子对自然环境保护的关注。

## 17 如果好朋友叫你去玩，但是你还没做完作业，你会怎么办？

🕐 时间: ..........................................................

👣 地点: ..........................................................

🧒 童言无忌: ....................................................

..........................................................

..........................................................

### 专家点拨

　　很多时候，孩子不懂如何选择，不愿意拒绝他人，但是在关键时刻正确地做决定，对于成为一个有主见的人来说非常重要。经常和孩子聊聊"选择"这个话题，可以帮助孩子分清事情的主次和先后，让孩子懂得什么时候应该拒绝，即使这样可能会让好朋友不开心。只有做好自己应该做的事，才能交到更多好朋友，这也是社会交际能力的一部分。

二　想象力和创造力

**18** 如果你像奥特曼或者蜘蛛侠一样有了超能力，你最想用这种能力做什么？

⏰ 时间：......................................................

👣 地点：......................................................

🧒 童言无忌：................................................

......................................................................

......................................................................

**⑲ 如果你能像孙悟空一样 72 变，你想变成什么？**

🕐 时间： .............................................

👣 地点： .............................................

👧 童言无忌： ...........................................

...............................................................

...............................................................

**专家点拨**

　　这是一个非常开放的问题，通过思考自己最想变成什么，可以让孩子突破思维的壁垒，进行天马行空的想象。在这个过程中，家长也可以跟着孩子的思维，进入孩子的想象，引导孩子从更为开放的角度去思考和创造，从而带领孩子探索自己内心的愿望。这样既能很好地培养孩子的想象力和创造力，又能拉近亲子之间的距离，建立良好的亲子互动。同时，家长也可以就孩子的想象进行延伸，为孩子讲解相关知识，开阔孩子的视野和知识面。

**20** 如果把天空变成你想要的颜色，你希望是什么颜色？

⏰ 时间： ............................................................................

👣 地点： ............................................................................

🧒 童言无忌： ............................................................

............................................................................................

............................................................................................

## 专家点拨

儿童心理学家阿尔修勒博士曾经做过一个实验，对150名2至5岁的幼儿进行为期一年的色彩喜好追踪，最后研究发现，孩子们所喜好的颜色对他们来说是有着特定意义的。喜欢白色的孩子大多单纯、干净、善良；喜欢红色的孩子大多有活力、乐观、阳光；喜欢黑色的孩子大多敏感、稳重、缺乏安全感……所以，我们在睡前可以问问孩子喜欢什么颜色，从孩子喜欢的颜色中大致判断他们的性格。在了解以后，家长可以适当调整自己的教育方法，引导孩子变得更好。

**21** 如果家里的小狗（或小猫）会说话，你觉得它会问你什么问题？

⏰ 时间：

👣 地点：

👧 童言无忌：

**专家点拨**

自古以来，猫和狗就是人类的好朋友，不少家庭都会养上一两只。因此，有些孩子在幼儿阶段就与这些动物有很多接触。他们喜欢跟小动物玩耍，也会真心把小动物们当成自己的朋友，甚至有的时候会向小动物表达自己的感情和需求。家长可以通过观察孩子对待小动物的态度、与小动物的互动，了解孩子内心的想法和需求。这也是激发孩子的想象力和创造力的一种方式。家长还可以根据孩子的回答，带孩子进一步认识身边的小动物，培养孩子保护动物的意识。

**22** 如果可以像小鸟一样飞到任何地方去，你最想飞到哪里？

🕐 时间：...........................................................................

👣 地点：...........................................................................

🧒 童言无忌：.................................................................

.......................................................................................

.......................................................................................

## 专家点拨

2018 年发布的《中国青年发展报告》指出，我国 17 岁以下的儿童、青少年中，约有 3000 万人受到各种情绪障碍和行为问题的困扰。这一数据告诉我们，关注孩子的心理健康问题刻不容缓。向往自由是人与生俱来的，鸟儿是大自然的精灵，也是"自由"的象征。我们在睡前跟孩子闲聊这个话题，带领孩子在想象中亲近自然，让压力得以释放。家长也可以借此机会了解孩子的内心世界，帮助孩子内观心灵，从而形成健全的人格，促进身体和心理的健康成长。

**23** 如果可以修一座漂亮的房子，你希望你的房子是什么样子的？

⏰ 时间：＿＿＿＿＿＿＿＿＿＿＿＿＿＿＿＿＿

👣 地点：＿＿＿＿＿＿＿＿＿＿＿＿＿＿＿＿＿

👧 童言无忌：＿＿＿＿＿＿＿＿＿＿＿＿＿

＿＿＿＿＿＿＿＿＿＿＿＿＿＿＿＿＿＿＿＿＿＿

＿＿＿＿＿＿＿＿＿＿＿＿＿＿＿＿＿＿＿＿＿＿

专家点拨

　　这个话题能给予孩子一种权利感和主导权。孩子们在设计自己理想中的房子时，可以尽情地发挥想象力，不受拘束地表达自己独特的想法和创意。这种参与决策和设计过程的体验不仅可以培养孩子的创意思维和表达能力，还能增强孩子的自信心、责任感和主动性。另外，房子对孩子来说也代表着安全感和归属感，我们借由这个问题，可以深入地了解孩子内心对"家"和"房子"的需求，以便为满足孩子的需求提供更加个性化的支持。

**24** 如果你变成了一只动物，你觉得是哪种动物？

⏰ 时间：

👣 地点：

👧 童言无忌：

**专家点拨**

　　每一个孩子都有自己的喜好、需求和特点，代表孩子内心的向往和价值观。孩子们可以自由地选择希望变成什么动物，表达他们对该动物的某种特质、能力、习性或生活环境的向往。要知道，孩子们选择的动物可能与他们的价值观、所处环境以及个人兴趣相关。这样的话题不仅可以让家长更好地了解自己的孩子，还可以引导孩子学习不同的知识和技能，激发孩子的好奇心，培养观察力和想象力。

**25** 如果在一座森林中，没有人烟，也没有水和电，你应该怎么办？

🕐 时间：_____

👣 地点：_____

👧 童言无忌：_____

_____

_____

专家点拨

　　这个问题是通过设定一个没有人烟和水电的环境，引导孩子们思考在这种环境下如何满足基本生存需求，并且找到资源。这能调动孩子的思维，培养孩子们寻找创造性解决方案的能力。面对挑战，孩子们需要依靠自己的思考和行动来找到解决方案，所以这个问题也有助于培养孩子的自主性和独立思考的能力，增强孩子在逆境中的应对能力、决策能力和自信心。

## 26 如果你能发明一件东西，你最想发明什么？

⏰ 时间：.................................................................

👣 地点：.................................................................

🧒 童言无忌：..........................................................

.................................................................................

.................................................................................

.................................................................................

### ★专★家★点★拨★

爱因斯坦曾经说过："想象力比知识更重要。"如今AI（人工智能）已经深入我们的日常生活，很多家长开始担心，以后孩子会不好找工作。其实，不管AI技术有多先进，孩子只要一直保持着创造力和想象力，就永远不会被淘汰，而创造力是需要有意识地培养的。睡前花一点时间问孩子这个问题，在思考要发明的东西时，孩子们会无限扩散自己的思维，这样就很容易激发想象力和创造力。在思考这个问题时，孩子首先可能会想要解决目前存在的一些社会问题，这有助于培养孩子的社会责任意识和担当。

**27** 如果你能像神笔马良一样，让画出的东西全部变成真的，你最想画什么？

🕐 时间：......................................................

👣 地点：......................................................

😊 童言无忌：......................................................

......................................................

......................................................

★ 专 家 点 拨 ★

　　儿童跟成年人不同，他们不会想要对照着某种物体和场景去临摹和创作，而是会根据自己头脑中的对某种事物的印象进行天马行空的想象，将自己感受到的样子描绘出来。所以，孩子画的东西一般是内心深处最想表达的。而以神笔马良这个神奇的人物为话题，很容易激起孩子想象的热情。他们也想用马良的神笔，把自己最想要的东西画出来。家长可以从孩子的回答中了解孩子的内心世界，这也给家长提供了一个和孩子共同探索创意和艺术的机会。

**28** 如果用积木搭建一个东西，你最想搭建什么？

🕐 时间：

👣 地点：

🙂 童言无忌：

专家点拨

　　积木是孩子最常玩也最喜欢的玩具之一，还是培养孩子思维能力的一种教具。在跟孩子讨论积木搭建问题的时候，家长可以引导孩子自由地发挥想象力，开动脑筋去设计和构建。通过搭建积木来实现自己的构想，可以培养孩子们的逻辑思维能力和空间思维能力。另外，说出自己想要搭建的东西时，孩子也会感到自豪和满足，这有助于增强他们的自信心和成就感。在孩子思考和表述的过程中，家长也可以积极参与，从旁出谋划策，这样能促进亲子合作和互动。

## 29 你觉得外太空是什么样子的？你想去外太空吗？

时间：..................................................................

地点：..................................................................

童言无忌：..............................................................

.............................................................................

.............................................................................

.............................................................................

 专家点拨

　　外太空对孩子们来说是一个遥不可及的世界，天然带着一定的神秘感。多数孩子听到外太空的话题，都会非常感兴趣。所以，睡前跟孩子聊这个话题可以调动孩子参与沟通的积极性。另外，通过讨论外太空，家长可以引导孩子学习与宇宙、行星、恒星等相关的科学知识，带着他们探索宇宙的奥秘，促进孩子们对科学的认知和理解，强化孩子们勇于探索未知领域的意愿。

**30** 如果你是小红帽，你会被大灰狼欺骗吗？

🕐 时间：

👣 地点：

🧒 童言无忌：

**专家点拨**

　　在《小红帽》的故事中，狡猾的狼欺骗了单纯的小红帽，导致小红帽和外婆遇到了危险。这个故事基本上所有的孩子都听过。让孩子代入小红帽的角色，我们能从孩子的答案中了解孩子处理问题的方法，了解他们在面对陌生人时如何判断和应对，培养孩子的自我保护能力。家长也可以鼓励孩子们思考如何用勇气和智慧来应对潜在的欺骗和危机，孩子自由表达出自己的见解和策略后，家长再引导孩子辨别对错，让孩子学会在困难或危险面前保持冷静并做出正确的判断。

## ③ 如果你可以发明一种药水，你希望这种药水有什么功能？

⏰ 时间：............................................................

👣 地点：............................................................

👧 童言无忌：............................................................

............................................................

............................................................

专 家 点 拨

　　在孩子们的认知中，药是用来治病救人的，因此在问孩子这个问题的时候，家长可以引导孩子通过想象自己发明的药水应该具有的功能，表达出他们对周遭环境的不足之处的意见和建议，从而培养孩子解决问题和创新思维的能力。千万不要以为这样的话题对孩子来讲有点深奥，其实很多孩子已经在关注社会问题了，如疫情、细菌感染、环境污染等。这样的话题能引导孩子们对生存环境做出

　　愿景，比如希望药水能够治愈疾病，或者是减轻贫困、解决环境问题等。家长在讨论中进行正确引导，有助于培养孩子的社会责任感和关爱他人的意识。

**32** 如果可以和你喜欢的动画人物一起吃饭，你最想和谁一起？为什么？

🕐 时间：...........................................................................

👣 地点：...........................................................................

🧒 童言无忌：...........................................................

...........................................................................

...........................................................................

**专家点拨**

　　这个话题以设想和模拟的方式，带孩子进入与心仪的动画片角色交流和互动的场景，提供给孩子一个展示自己的创造力、想象力和表达能力的机会。孩子也可以通过回答这个问题，与某个动画角色产生情感共鸣，这个角色应当在孩子的生活中起到重要的榜样作用或带给他们积极影响。这个话题体现了孩子对角色的价值观、品质和行为方式的认同与追求。

**33** 如果亲自设计一件衣服，你最想让你的衣服上面有什么？

🕐 时间：.......................................................................

👣 地点：.......................................................................

🧒 童言无忌：.................................................................

...........................................................................................

...........................................................................................

专家点拨

　　美术教育在孩子的成长过程中是非常重要的，不管孩子以后做什么事，从事什么职业，都需要有一双发现美、欣赏美的眼睛。跟孩子聊服装设计的话题，能激发他们的创造力和想象力，提升审美。另外，设计一件衣服需要考虑到样式、材料、剪裁、装饰等方面，孩子们可以通过这个问题展示自己对时尚、颜色、图案等方面的理解和偏好，展现个人风格，提高实践技能和解决问题的能力。

**34** 到森林里探险时，你发现了一个很深的洞穴，你希望里面有什么？

⏰ 时间：......................................................

👣 地点：......................................................

🧒 童言无忌：..................................................

......................................................

......................................................

专家点拨

　　探险教育可以激发探索的勇气，促进孩子心智的成长。对于神秘的事物，孩子们都有一种天生的探索欲。寻找和挖掘宝藏，是他们最喜欢做的事情。所以，跟孩子一起讨论森林探险的过程，也是一种教育，可以很好地激发孩子的想象力，鼓励他们勇于面对未知和新奇的事物。在各种对神秘生物、宝藏的设想中，孩子们会逐渐对自然与科学生发兴趣，还能在触动与反思中，实现自我成长。

## 35 让你前往恐龙世界，你最想变成哪种恐龙？

🕐 时间：......................................................................

👣 地点：......................................................................

😊 童言无忌：..........................................................

........................................................................................

........................................................................................

专家点拨

儿童的想象力是非常丰富的，他们通常喜欢扮演一些在实际生活中没有的生物。恐龙作为一种已经灭绝的生物，对大多数孩子来说，是非常神奇且威猛无比的，极具吸引力。跟孩子讨论恐龙世界的话题，可以激发孩子对力量的崇拜，让孩子变得更加勇敢和自信。另外，通过与孩子一起讨论恐龙的种类、特征和生活方式，可以帮助孩子扩展对恐龙的科学认识，进一步对自然与科学产生兴趣。

**36** 如果你拥有改变世界的能力，你最想改变的是什么？为什么？

⏰ 时间：

👣 地点：

🙋 童言无忌：

**专家点拨**

　　孩子对世界充满好奇和憧憬，甚至想创造一个属于自己的理想世界。有的家长会觉得孩子是在"妄想"，所以并没有重视。殊不知，这是孩子充满想象力的表现。家长跟孩子聊改变世界的话题，可以让孩子获得尊重感和认同感，找到与他们一起想象的"同盟"，促进家长和孩子之间的交流和共同成长。另外，这也可以激发孩子产生梦想和抱负，家长应引导他们思考问题的根源，鼓励他们思考如何改变现状。

# 三 梦想与愿望

## 37 长大后你希望成为谁？为什么？

⏰ 时间：.................................................

👣 地点：.................................................

👧 童言无忌：..............................................

....................................................

....................................................

### 专家点拨

《未成年人保护法》要求国家、社会、学校和家庭对孩子进行理想教育，因为有了梦想，孩子才会愿意主动学习。一般来说，孩子心中都有一个高大、优秀的形象，这个形象会在某种程度上变成未来的指路明灯。父母可以在晚上睡觉前和孩子聊聊"你想成为谁？"这样的话题，激发孩子对未来的憧憬，为孩子埋下一颗梦想的种子。父母还需用友善、积极的方式支持和引导孩子好好学习，帮助孩子变成优秀的人。

**38 有什么东西是你很想要，但是没有得到的？**

⏰ 时间：

👣 地点：

👧 童言无忌：

专家点拨

　　每个孩子都有想要但得不到的东西，这时，家长就要教育孩子学会克制，克制自己是孩子必须培养的一种修养，它能让孩子受益一生。聊这个话题可以让父母了解孩子内心渴望的东西，并引导孩子反思为什么得不到。在沟通过程中，父母可以启发孩子思考如何获得目标，如果实在没有办法得到，又应该如何处理心理上的挫败感。所以，通过这样的问题，父母还能培养孩子对失望和逆境的应对能力，让孩子成为一个有修养的人。

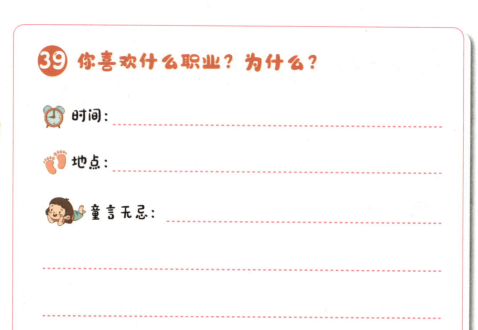

## 39 你喜欢什么职业？为什么？

⏰ 时间：

👣 地点：

童言无忌：

---

**专家点拨**

　　英国一项心理学研究显示，5～10岁是孩子职业启蒙的黄金时期，这个年龄段的孩子已经逐渐形成了自我意识，做好职业启蒙，能让孩子树立积极的职业认知，进而明白学习到底是为了什么。家长在睡前可以跟孩子多聊聊"喜欢什么职业"的话题，这可以丰富孩子对职业的认知，增长见识，帮助孩子打好职业规划的基础，避免孩子长大了还不知道自己适合做什么，还能培养孩子面对未来的自信心。

**40** 如果你有一盏阿拉丁神灯，可以许下三个愿望，你想许什么？

⏰ 时间：

👣 地点：

🧒 童言无忌：

《阿拉丁神灯》是一个非常出名的童话故事，神灯可以实现持有者的三个愿望，这让所有看过故事的孩子都想拥有一盏神灯。父母在睡前可以借由阿拉丁神灯的故事，问问孩子的愿望是什么，从而引导他们分享自己的内心需求和渴望，帮助家长更好地了解孩子的内心世界，有助于培养孩子的目标设定和规划能力。通过这个故事，父母还可以告诉孩子，即使有神灯这样神奇的工具，想要幸福还是需要通过自己的努力、勤奋和智慧来实现，培养孩子的务实精神。

## 41 有什么事情是你想要做，但是不敢尝试的？

🕐 时间：.............................................................................

👣 地点：.............................................................................

👧 童言无忌：....................................................................

.............................................................................................

.............................................................................................

### 专家点拨

　　孩子年龄小，总是对困难和挑战带着恐惧，不敢轻易尝试，家长可以试着在睡前跟孩子聊聊这个话题，知道了孩子心中的那些恐惧和不敢尝试的事之后，就可以给孩子剖析、解释，让孩子了解限制和障碍在哪里，从而帮助孩子克服惧怕的心理。在跟孩子聊天的过程中，家长也可以帮助孩子制订小目标和行动计划，引导孩子克服障碍，并表明自己能给予孩子什么支持，从而帮助孩子培养勇气和冒险精神。

## 42 过生日，你最想要得到的礼物是什么？

⏰ 时间：......................................................................

👣 地点：......................................................................

👧 童言无忌：..............................................................

......................................................................................

......................................................................................

**专家点拨**

　　对孩子来说，过生日收礼物是每年都在期待的事情，过生日有一种仪式感，能让孩子感受到幸福。有仪式感的童年能治愈孩子的一生，所以，在孩子的成长过程中，最好不要让仪式感缺失。送孩子生日礼物，不仅能让孩子感受到家人的爱和重视，增进亲子之间的感情，还能在孩子的心中留下一份期待，期待可以转化成动力，让孩子生活更积极。

## 43 你希望你有一个什么样的爸爸或妈妈？

🕐 时间：...........................................................................

👣 地点：...........................................................................

👧 童言无忌：...........................................................

..................................................................................................

..................................................................................................

### 专家点拨

　　在养育孩子的过程中，不少家长会抱怨"孩子不听话""孩子为什么不能长成我们想象中的样子？"等。然而，很少有家长设身处地去了解孩子心中想要的爸爸、妈妈是什么样的。我们在睡前亲子氛围比较轻松的时候问孩子这样的问题，不仅可以了解孩子们内心最真实的需求和期望，还可以自我反思，然后根据孩子的期望来制订具体的教育计划和家庭规则，以营造健康、快乐与和谐的家庭环境。

## 44 你想成为哪个动画人物？为什么？

🕐 时间：

👣 地点：

👧 童言无忌：

---

专家点拨

　　童年离不开动画，孩子也会不自觉地对动画片里某些角色身上的特质、冒险精神或价值观产生崇拜和向往，不过，孩子的认知有限，有时候并不一定知道自己为什么喜欢这个人物。这个问题可以启发孩子思考并清楚地表达选择这个角色的原因。此外，家长可以借着这个问题鼓励和引导孩子学习动画人物的好的一面，并将这些好的特质应用到现实生活中，帮助孩子形成正确的价值观和积极向上的性格。

## 45 如果能为自己选择一个特长，你最想拥有什么特长？

🕐 时间：

👣 地点：

👧 童言无忌：

---

家长们总喜欢送孩子去上兴趣班，想为孩子培养一个爱好或特长。然而，许多孩子半途而废，最后什么特长都没有。特长是需要通过坚持不懈地学习，潜移默化地接受培养和渗透，才能获得的一种技能。通过睡前问孩子"特长"的问题，家长不仅可以对孩子的喜好或理想有一定的了解，或者引导孩子对某种技能、才艺或能力产生向往，还可以培养孩子克服困难、坚持不懈的优良品质，让孩子有一技傍身。

## 46 你最理想的一天是什么样的？

🕐 时间：........................................................

👣 地点：........................................................

👶 童言无忌：..................................................

........................................................

........................................................

专 家 点 拨

　　现在大多数的家长日常工作都很忙，能陪孩子的时间比较少，所以并不能很好地捕捉孩子的喜怒哀乐。问孩子"最理想的一天"这样的问题，就是一个了解孩子的途径。孩子们心中理想的一天一定是充满快乐，过得非常充实的。通过与孩子讨论"理想的一天"，可以让孩子再次感受快乐、充实、自由的情绪，双倍提高孩子的幸福感和满足感。家长也可以借这个话题，支持和鼓励孩子追求理想的生活。

## 47 你觉得最勇敢的人是谁？你想成为他／她吗？

⏰ 时间：......................................................

👣 地点：......................................................

👧 童言无忌：...............................................

..............................................................

..............................................................

### 专家点拨

　　在教育的过程中，我们会发现，给孩子一个榜样胜过制定各种各样的教条和规则，榜样的力量可以很好地唤醒孩子的内驱力，激发孩子学习的动力。父母可以在睡前跟孩子聊聊这个问题，与孩子一起探讨所选人物有哪些优秀品质和行为，为孩子树立一个学习的榜样。当然，这个榜样人物的品质不局限于"勇敢"，还可以是"自信""坚毅"。以榜样人物的品质、好习惯和取得的成绩来宣教，孩子更容易接受。

**48** 到超市购买你最喜欢的糖果，你会选择哪一种？

⏰ 时间：.............................................................

👣 地点：.............................................................

👧 童言无忌：.....................................................

.............................................................

.............................................................

## 专家点拨

　　到超市买糖果，估计是孩子们最期待和最喜欢的事情之一。我们在睡前跟孩子聊聊在超市选择糖果的问题，可以很好地建立起与孩子沟通的桥梁，了解孩子的口味和喜好。在孩子回答的过程中，家长可以引导孩子描述清楚糖果的口感、形状、颜色等特点，并解释清楚为什么选择这种糖果，这样能很好地培养孩子的表达能力。一起探讨喜爱的糖果的过程，既能让孩子拥有满足感和幸福感，又可以让孩子了解在适度享用糖果的同时保持健康饮食习惯的重要性。

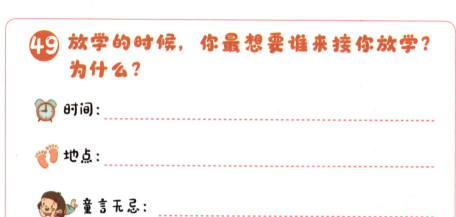

**49** 放学的时候，你最想要谁来接你放学？为什么？

⏰ 时间：..................................................................

👣 地点：..................................................................

🧒 童言无忌：.............................................................

...........................................................................

...........................................................................

专家点拨

　　大数据显示，如今接送孩子上、下学的人群中，60%以上是老年人。大多数父母认为接送孩子是一件小事，可以忽略。殊不知，这样一件小事有时也会影响孩子一生，因为从接送孩子这件事上，可以看出家庭的幸福程度。家长可以在睡前跟孩子聊聊他想让谁去接的问题，让孩子感受到来自父母的关心和爱护，给予孩子足够的安全感和幸福感。另外，通过孩子的回答，家长可以了解孩子心中对关爱和陪伴的情感需求，并尝试调整，尽量满足，培养孩子乐观、积极、阳光的性格，使孩子受益终身。

## 50 在学校你最想和谁做朋友？为什么？

⏰ 时间： .................................................

👣 地点： .................................................

👧 童言无忌： .............................................

.................................................................

.................................................................

　　交朋友是人的本能需求，特别是对儿童来说，这个需求更为强烈。如果孩子在学校或者团体中被人排斥，就很容易产生焦虑，养成自卑、内向的性格。所以，在孩子交朋友的问题上，家长需要多上心。我们可以在睡前跟孩子聊聊交朋友的话题，让孩子说出朋友身上的特质和优点。家长可以借此窥见孩子在友谊和人际关系方面的价值观。同时，家长应告诉孩子如何交朋友，引导并鼓励孩子主动与同学建立友谊，学习对方的优点，让孩子成为一个积极、主动的人。

## 51 你希望拥有你朋友身上的什么优点？

⏰ 时间： .........................................................................

👣 地点： .........................................................................

🧒 童言无忌： ...............................................................

..........................................................................................

..........................................................................................

### 专家点拨

　　每个人身上都有闪光点，比如正直、善良、耐心、勇敢等，这些都是值得孩子去发现和学习的。但是很多孩子在交朋友的过程中，只是和朋友一起开心地玩，并没有发现对方的闪光点，无形中错失了很多学习的机会。父母可以尝试问孩子这个问题，让孩子去思考和描述朋友身上的优点，引导孩子学习和培养这些优秀品质。同时，孩子的认知有限，他们不一定能分辨出什么朋友值得结交。所以，父母可以从孩子的回答中分析孩子的社交圈，引导孩子结识真正的好朋友，这样才能让孩子有一个宝贵且有意义的童年。

**52** 如果你像爱丽丝一样发现了仙境，你希望你的仙境里面有什么？

时间：................................................

地点：................................................

童言无忌：................................................

................................................

................................................

专家点拨

　　《爱丽丝梦游仙境》的故事对许多儿童来说不会陌生，它是童话中的经典，很受大人小孩的喜爱。家长可以让孩子代入爱丽丝这个角色进行想象，描述出自己心目中仙境的样子。孩子将插上想象的翅膀，在仙境中加上自己幻想的任何东西。家长也可以引导孩子像爱丽丝一样，在遇到强大敌人时，勇敢地凭借自己的力量战胜他们。所以，这也能培养孩子挑战困难的勇气和对未知世界的探索精神。

**53** 你觉得读书是为了爸爸妈妈，还是为了你自己？

🕐 时间：

👣 地点：

🧒 童言无忌：

## 专家点拨

　　如果无法让孩子意识到他是为自己而读书的话，那么无论家长多么努力，或许都不能让孩子爱上学习。孩子如果不爱学习，就容易故步自封，人生之路可能越走越窄。通过聊读书这个话题，家长可以跟孩子深入探讨学习的意义，唤醒孩子内在的学习动力。在沟通过程中，一定不要让孩子以为学习好就是成绩好，而是要跟孩子由近及远地谈论梦想。比如语文学得好，就可以看懂自己喜欢的书、清晰表达自己的想法；英语学得好，世界任我行……家长应以梦想为动力，培养孩子的学习兴趣，让孩子主动学习、为自己而学。

（四）性格、品行和习惯

## 54 看到别人掉了东西，你应该怎么做？

⏰ 时间: .......................................................

👣 地点: .......................................................

👧 童言无忌: ...............................................

.......................................................

.......................................................

### ✦专✦家✦点✦拨✦

　　"拾金不昧"是我们传承了几千年的优良品德，值得我们发扬光大。作为父母，要潜移默化地为孩子灌输"拾金不昧"的思想。在日常生活中，我们可以跟孩子聊聊这个问题，采用角色互换的方式，让孩子想象一下自己丢失了心爱之物会有什么感受，从而让他理解失主的心情，借此告诉他看到别人掉的东西，不能擅自据为己有，而是应该立刻叫住失主，提醒对方掉东西了。孩子如果明白了拾金不昧的道理，家长要及时给予表扬和鼓励，使孩子树立完整且正确的人生观和价值观。

## 55 在路上捡到了别人掉的东西，你应该怎么做？

⏰ 时间：_____

👣 地点：_____

👧 童言无忌：_____

_____

_____

大多数家长会要求孩子捡到东西要交给警察叔叔，但如果孩子把捡到的所有东西，不论价值高低都交给警察叔叔，那估计就不是发扬美德而是妨碍公务了。对一些低龄儿童来说，他们虽然有了自我意识和分辨能力，但认知有限，平时关注的大多是玩具、食品等价值不高的东西，而对金钱等高价值的物品并不敏感。家长可以在睡前和孩子一起讨论这个问题，教孩子判断物品的价值，

让孩子学会分类处理捡到的东西，如捡到玩具应该怎么处理，对贵重物品应该怎么处理等。

**56** 在红灯的情况下，你很着急过马路（如上学要迟到了），这时你应该怎么做？

时间：......................................................

地点：......................................................

童言无忌：..................................................

...........................................................

...........................................................

## 专家点拨

　　年龄小的孩子安全意识是比较薄弱的，为了培养孩子的安全意识，父母可以在睡前跟孩子多聊聊这类话题，让孩子明白，红绿灯和人行道是为了保护行人安全而设立的，即使有紧急情况，也不能忽视自己的安全。正确的做法应该是让孩子牢记"安全第一"的原则，选择耐心等待。另外，这样的话题可以启发孩子思考道德、法律方面的问题，培养正确判断和处理紧急情况的能力，让孩子成为一个遵守交通规则的人。

## 57 不想让长辈问你很多话时，你应该怎么做？

🕐 时间：

👣 地点：

😊 童言无忌：

 专家点拨

　　孩子在成长过程中或许会遇到长辈滔滔不绝地问问题。比如，"会写多少字？""会背多少首诗了呀？"……有时候孩子不喜欢这样的问话，但平时家长没有教孩子怎么应对，就很容易闹出一些不愉快。因此，在教育孩子的过程中，可以跟孩子聊聊这个问题，告诉孩子在长辈面前要尽量保持冷静和礼貌的态度，给予长辈足够的耐心和尊重。当然，孩子如果实在不想回答，也可以适当地寻求家长或其他人的帮助。

**58** 饿得快要受不了时，你会不会去偷食物吃？

🕐 时间：

👣 地点：

🧒 童言无忌：

**专家点拨**

　　这样的问题其实很有教育意义。孩子的答案也许并不能达到家长的预期，但家长不要马上去批判或质疑，而是要给予孩子一定的尊重和理解。因为低龄孩子认知有限，也许脑中还没有形成"偷盗"的概念，对比偷盗的严重性，他们第一时间可能会选择解决饥饿的问题。这个时候，家长就需要正确引导孩子，培养孩子的道德观念，让孩子明白偷盗是错误和不道德的行为。同时，家长应跟孩子一起分析偷盗的后果，讨论解决问题的办法。这样才能让孩子明白诚实、正义，以及遵守规则和法律的重要性。

## 59 别人送你东西，你应该怎么回应？

⏰ 时间：＿＿＿＿＿＿＿＿＿＿＿＿＿＿＿＿＿＿＿＿＿

👣 地点：＿＿＿＿＿＿＿＿＿＿＿＿＿＿＿＿＿＿＿＿＿

🧒 童言无忌：＿＿＿＿＿＿＿＿＿＿＿＿＿＿＿＿

＿＿＿＿＿＿＿＿＿＿＿＿＿＿＿＿＿＿＿＿＿＿＿＿＿

＿＿＿＿＿＿＿＿＿＿＿＿＿＿＿＿＿＿＿＿＿＿＿＿＿

**专 家 点 拨**

　　孩子收到了别人的礼物，家长第一时间的反应是让孩子说一声"谢谢"，免得让对方觉得孩子没礼貌，但大部分家长并不会告诉孩子这么做的原因。我们可以在睡前跟孩子讨论这个话题，向孩子解释："别人送你的礼物是花费了很多精力挑选的，不仅付出了来之不易的钱，还用了心，他们的目的就是让你快乐。"引导孩子真正明白"谢谢"的含义，从而发自内心地向对方表示感激，这样才能培养孩子的感恩之心。

**60** 你为比赛做了很多努力，最后却输了，你会怎么办？

🕐 时间：

👣 地点：

👧 童言无忌：

---

⭐ 专家点拨 ⭐

　　经历挫折在孩子的成长过程中在所难免，有些家长在孩子遇到挫折时毫不顾忌地批评孩子，殊不知，这犯了教育的大忌。家长应该及时地引导孩子用积极的情绪正确面对挫折，平时多与孩子聊聊这个类型的问题，让孩子了解失败和挫折是成长的必经之路，无论输赢，都是再正常不过的事情。我们不能被结果打败，真正需要做的是从过程中学习，这样才能帮助孩子更好地面对学习和生活中出现的挑战。同时，家长可以借此机会引导孩子制订合理的学习计划和目标，培养孩子勇敢面对失败并从中吸取经验教训的能力。

**61** 在外面买东西，有很多人排队，你会遵守规则排队吗？

🕐 时间：......................................................

👣 地点：......................................................

😊 童言无忌：...............................................

...............................................................

...............................................................

**专家点拨**

　　无规矩不成方圆，我们身处这个社会，就要懂得并遵守社会的规则，这样才能维护好社会秩序，减少混乱和冲突产生的可能。让孩子学会"遵守规则"是教育过程中非常重要的一环。家长应该为孩子解释排队的意义和遵守规则的重要性，帮助孩子养成尊重他人的习惯。同时，排队是需要耐心和礼貌的，思考和探讨这个话题可以让孩子学会控制情绪，并学会等待和尊重他人。

## 62 放学回家，你是先做家庭作业还是先打开电视看动画片？

**时间：** .......................................................................

**地点：** .......................................................................

**童言无忌：** .............................................................

........................................................................................

........................................................................................

### 专家点拨

　　教育界有这样一句话："习惯的差距就是成绩的差距。"这足以说明孩子的学习习惯对成绩的重要性。好的习惯需要从小培养，但很多家长因为孩子年龄小就忽视了对孩子这方面的管控，导致孩子不能认真对待学习。这个话题拿最吸引孩子的动画片和孩子没那么喜欢的家庭作业来让孩子做选择，家长可以借此向孩子解释两种选择会出现的后果和影响，引导孩子明白学习的重要性，从而做出正确的选择。家长还可以帮助孩子做好先完成作业再娱乐的规划，培养孩子时间管理和自我约束的能力。

## 63 如果见到拄着拐杖的老奶奶过马路，我们应该怎么做？

🕐 时间：......................................................

👣 地点：......................................................

👧 童言无忌：..................................................

......................................................

......................................................

  专家点拨

　　尊老爱幼是我们中华民族的传统美德，需要我们每一个人发扬和传承。这个话题中的场景在我们日常生活中经常会出现，所以孩子很容易进入这样的场景设想，家长可以借此培养孩子助人为乐、关爱他人的优良品格。同时，在聊天中可以让孩子了解，老奶奶年纪比较大，走路慢，马路上又有很多安全隐患，让孩子自己思考怎么做才能帮助老奶奶成功过马路。这样既可以培养孩子的耐心和尊重他人的性格，还能让孩子提高安全意识，成为一个有爱心又热心的人。

## 64 如果有老人摔倒在地上，你会怎么做？

⏰ 时间： ......................................................

👣 地点： ......................................................

👧 童言无忌： ..................................................

......................................................

......................................................

**专家点拨**

　　近几年，"老人摔倒该不该扶"的话题在网络上引起热议，让很多家长都不知道怎么去教育自己的孩子了。借这个话题，家长可以告诉孩子，首先应打120急救电话，其次可以喊上身边的人做见证或给予帮助。这样不仅可以培养孩子助人为乐、尊老爱幼的优良品行，还能培养孩子处理问题时的应变能力。家长也要告诉孩子，世界上还是好人多，让孩子放宽心。

**65** 坐公交车遇到一位年迈的老人（或者肚子里怀着小宝宝的阿姨）时，你应该怎么做？

🕐 时间：

👣 地点：

👧 童言无忌：

中国历来就有"礼仪之邦"的美誉，文明礼仪更是中华民族传承下来的瑰宝，也是我们在社会中赖以生存的行为准则，所以从小培养孩子文明礼仪的习惯至关重要。公交车让座的问题就能让孩子很好地理解和学习文明礼仪。家长可以通过这个话题告诉孩子，老人、幼儿、病人、残疾人和孕妇都是我们需要关心和爱护的对象。在我们自己有座位的条件下，可以把座位让给需要帮助的人；没有座位的话，也可以尽可能提供一些帮助。这样可以培养孩子关爱、尊重和帮助他人的品质。

**66** 在商场想要买一个心仪的玩具，被父母拒绝后，你是否会大哭大闹、当众打滚？

⏰ 时间：

👣 地点：

🧒 童言无忌：

## 专家点拨

在养育孩子的过程中，经常会遇到孩子得不到想要的东西就撒泼打滚的场景，很多家长对此头疼不已。其实，平时提前给孩子做好心理建设，讲清楚道理，这样的情况就不容易发生了。这个话题让孩子通过场景设想，将自己可能做出的反应拿来跟父母交流，父母就可以借机告诉孩子这样做会给他人造成干扰和不适，是错误的行为，从而引导孩子学会正确表达自己的情绪。同时，家长可以提前跟孩子约定，如果下次遇到这样的情况，应该如何正确处理。让孩子学会尊重和理解他人，到了现实场景中，孩子就不会无理取闹了。

## 67 看到别人手里有好吃的或者好玩的，直接抢过来的行为正确吗？

⏰ 时间：...................................................

👣 地点：...................................................

👧 童言无忌：...............................................

.............................................................

.............................................................

**专家点拨**

　　孩子之间争抢玩具是非常常见的，有些家长认为这是小打小闹，不需要理会。殊不知，争抢的行为若不好好引导，也许会影响孩子的一生。家长在睡前跟孩子聊这个话题时，要明确告诉孩子这种行为是不正确的，会伤害到别人。然后再告诉孩子，想要玩别人的玩具，就需要得到别人的同意，要学会与别人合作和分享。这样既能很好地培养孩子的社交能力和表达能力，又能让孩子学会理解和尊重他人。

**68** 在学校你会因为不喜欢一个人就带着其他同学孤立对方吗？

⏰ 时间：................................................................

👣 地点：................................................................

🧒 童言无忌：..........................................................

................................................................

................................................................

### 专家点拨

　　孩子一进入幼儿园，就开始了独立的社交生活，他们的想法很简单，喜欢你就跟你玩，不喜欢你就叫身边的朋友都不跟你玩。孩子年龄小，容易产生从众心理。为了让孩子不孤立别人，也不被别人孤立，家长可以在睡前跟孩子多聊聊这个话题，提前对孩子做出正确的引导，告诉他们孤立别人是不正确的行为，若被孤立也别伤心，爸爸妈妈、老师都会帮助你。这不仅可以增强孩子面对困难时的自信心，还有助于孩子创造自己的友好、健康的社交圈。

## 69 遇到很困难的事情，你会放弃吗？

⏰ 时间：.................................................................

👣 地点：.................................................................

👦 童言无忌：.........................................................

.................................................................

.................................................................

**专 家 点 拨**

　　畏难心理人人都有，不过，如果让畏难成为一种习惯，孩子就很容易缺乏自信、心理脆弱，成长和学习都会受限。所以，家长要帮助孩子克服畏难情绪。这个话题就是一个引导孩子克服畏难情绪的突破口。在跟孩子沟通的过程中，家长要理解和接纳孩子有"放弃"的想法，多鼓励孩子，让孩子转而产生面对的勇气。同时，家长可以和孩子一起寻找解决问题的办法，让孩子相信这个困难是可以通过努力解决的，这样无形中也培养了孩子的自信心。

**70** 如果同学不小心弄坏了你最喜欢的文具，你会怎么做？

⏰ 时间：

👣 地点：

🧒 童言无忌：

专家点拨

毕竟是最喜欢的文具，被同学不小心弄坏了，孩子不可避免地会难过甚至生气，闹情绪是情有可原的。但宽容是非常重要的品德，有利于孩子在未来建立和谐的人际关系，提高幸福感，培养健康、积极的心理。家长应借类似话题多跟孩子聊聊与同学相处的方法、技巧，引导孩子宽以待人，在学校里创造一个友好、有爱的环境，度过快乐的学生时光。

五　亲子关系

**71** 你能说出几种家务活？其中哪些是你可以做的呢？

🕐 时间： ......................................................

👣 地点： ......................................................

👧 童言无忌： ..............................................

...............................................................

...............................................................

**专家点拨**

　　中国青少年研究中心调查发现，我国近半数的家长不会让孩子接触家务。这些家长认为做家务会耽误孩子学习，或者认为孩子太小，不懂事，会越帮越忙。实际上，做家务有利于孩子养成乐于助人的习惯。通过探讨这个话题，家长不仅可以在孩子心中建立"家务"的概念，激发孩子对家务活的兴趣，还可以让孩子产生"想要帮助父母"的强烈愿望，培养孩子的家庭责任感，让孩子在家务中得到锻炼，从而培养孩子的自信心和爱劳动的习惯。

**72** 你觉得咱们这个家庭幸福吗？你觉得幸福美满的家庭是什么样的？

⏰ 时间：_____

👣 地点：_____

👧 童言无忌：_____

_____

_____

**专 家 点 拨**

　　幸福的童年治愈人的一生。在对孩子的教育中，幸福感的培养是非常重要的，有幸福感的孩子容易养成积极、阳光的性格。孩子既真实又诚实，他们不善于隐瞒，也不懂得说谎。所以，我们能从童言童语中，了解家庭的真实面貌和存在的问题，这可以帮助家长针对性地做出行为调整，也可以让孩子了解家庭对于一个人成长的重要性，从而培养孩子的家庭观念。同时，父母应借此机会引导孩子学会感恩、尊重、理解和包容。

**73** 你会用哪三个词来形容妈妈（爸爸）？为什么？

⏰ 时间：..........................................................................

👣 地点：..........................................................................

👧 童言无忌：..................................................................

.................................................................................

.................................................................................

.................................................................................

**专家点拨**

　　妈妈（爸爸）在孩子心中到底是一个什么样的形象，作为家长的你了解过吗？是让孩子喜欢的、讨厌的，还是害怕的呢？这个问题就是了解自己在孩子心中的形象的最好途径。这样的对话可以帮助家长及时做出自我调整和改正，从而变成更好的父母。孩子在思考和回答这个问题时，需要从自己的观察和体验中提取关键词，这不仅增强了孩子的情感表达能力，还能让孩子意识到父母的奉献和不易，有助于培养孩子的感恩之心。

**74** 你在什么时候会觉得妈妈（爸爸）最好或者最讨厌？为什么？

⏰ 时间：_____

👣 地点：_____

👶 童言无忌：_____

_____

_____

**专家点拨**

　　在教育孩子的过程中，父母会用到各种各样的方法，做出不同的行为以及情绪表达，很多家长认为"做这一切都是为孩子着想"。殊不知，不正确的表达会让孩子感到不适，甚至产生抵触情绪。家长可以通过这个问题引导孩子说出什么时候对父母会感到满意、感谢和支持，什么情况会对父母不满、讨厌或者感觉受到了伤害。父母应认真倾听孩子的心声并接纳孩子的意见，主动进行自我反思和改进，调整自己的行为。这有助于建立健康、和谐的家庭环境，拉近亲子之间的距离，也可以培养孩子的情绪认知和表达能力，让孩子健康快乐地成长。

## 75 如果有一天，妈妈被怪兽抓走了，你会怎么办？

⏰ 时间：

👣 地点：

🧒 童言无忌：

### 专家点拨

　　很多孩子都是奥特曼的粉丝，奥特曼勇于打怪兽。其实，"怪兽"的设定跟孩子身上存在的小问题有很多相似之处，是易怒、胆小、贪吃等缺点的化身，打败了怪兽就代表着孩子克服了某种缺点，这能让孩子有很大的成就感。所以，用这个话题跟孩子沟通，不仅可以激发出孩子的正义感和想象力，还可以引导孩子冷静思考，学会用自己的知识和技能去解决问题，从而克服困难和恐惧。聊这个话题可以提高孩子解决问题的能力，增强自信心。

## 76 如果爸爸妈妈不开心，你会怎么做？

⏰ 时间：..................................................................

👣 地点：..................................................................

🧒 童言无忌：..........................................................

..........................................................................

..........................................................................

### 专家点拨

　　联合国之前做过一项调查，统计了孩子最怕父母的十件事情，前两件就是怕父母发脾气和不开心。父母的情绪是影响孩子健康人格的重要因素，是不能被忽视的。这个话题就是了解孩子对父母情绪变化的反应的突破口。通过与孩子沟通，家长可以清楚了解大人的情绪对孩子产生的影响，然后有目的地帮孩子消除不利的那部分影响。家长也可以跟孩子约定："遇到爸爸妈妈不开心时，不要害怕，可以来抱抱我们，然后陪我们找找不开心的原因和解决办法。"这样或许能让孩子免受大人情绪的影响，培养孩子积极健康的人格。

**77** 如果家里允许你立一个规则，你最想规定大家做什么？

⏰ 时间：..............................................................................

👣 地点：..............................................................................

👧 童言无忌：......................................................................

..............................................................................

..............................................................................

..............................................................................

## 专家点拨

　　所谓"无规矩不成方圆"，在家庭中，规则是少不了的。一些家长总以为规则是父母给孩子立的，孩子只需要遵守就可以了，却忽略了孩子也是家庭中的一员，他也有立规矩的权利。跟孩子沟通这个问题就是要让孩子参与到家庭事务中，大家一起定规则，明确奖惩，让孩子有强烈的参与感和发言权，从而更好地遵守大家一起立下的规矩。这不仅可以培养孩子的规则意识和责任感，还能帮助孩子养成自律的习惯。

**78** 对爸爸妈妈为你安排的学习计划，你有不能接受的地方吗？

🕐 时间：

👣 地点：

👶 童言无忌：

"为了你好"这句话包含了所有父母的育儿初衷，但这句原本充满爱意的话现在成了很多孩子的枷锁。实际上，孩子自出生就是一个独立的个体，他们有自主选择的权利。问这个问题就是在征求孩子的意见，让孩子行使自主选择权。如果孩子说得有道理，父母就应该采纳，尊重孩子的意见。如果孩子说得没道理，父母则要指出不能改变计划的原因。跟孩子有商有量，才能让孩子从心底认同家长的安排，愿意按计划去学习和成长。

**79** 如果有一天你变成大人了，我们变成小孩了，你会安排我们做什么？

⏰ 时间：.............................................................

👣 地点：.............................................................

🧒 童言无忌：....................................................

.............................................................................

.............................................................................

专家点拨

　　角色扮演一直是孩子们喜欢的游戏，在育儿过程中，与其跟孩子讲一堆他们那个阶段很难理解的大道理，还不如带着孩子进入一个角色或者故事，换个角度激励孩子进步。家长可以让孩子进行角色扮演，像大人那样操心家里的事情，从而引导孩子学会照顾、关心别人，设身处地地了解父母一天要做的事情。这不仅可以激发孩子的想象力，提高语言表达能力，还能培养孩子的同理心和责任感，让孩子学会换位思考。

## 80 如果周末去露营，我们需要准备什么？

🕐 时间：_____

👣 地点：_____

👶 童言无忌：_____

_____

_____

专家点拨

　　露营如今已成为亲子活动中非常火爆的一个项目，它不仅可以为孩子提供一个探索大自然的机会，还能拉近亲子关系，因此深受带娃家庭的喜欢。家长可以借着露营的场景设想，让孩子自己思考需要准备什么东西，有效地提升孩子的规划能力和组织能力。同时，家长可以跟孩子讨论露营时会出现的一些问题，如生火、搭建帐篷，以及遇到一些不可控的事件应该如何解决等，这也有助于培养孩子的自理能力和解决问题的能力。

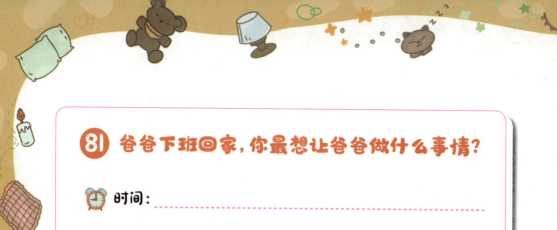

## 81 爸爸下班回家，你最想让爸爸做什么事情？

⏰ 时间：......................................................................

👣 地点：......................................................................

🧒 童言无忌：..................................................................

...........................................................................

...........................................................................

### 专家点拨

　　英国文学家哈伯特说过："一个好父亲胜过 100 个校长。"对孩子来说，父亲似乎有一种特别的力量，是孩子成长过程中不可替代的角色。但现在很多爸爸下班回家，要不抱着手机，要不躺着休息，他们在对孩子的教育中经常退居二线，甚至缺席，这样不利于孩子成长。这个话题，可以让爸爸了解孩子心中最真实的需求，从而帮助爸爸进行反思和调整教育孩子的方法，加强亲子之间的联系。另外，通过探讨这个话题，孩子可以感受到爸爸的爱和温暖，有助于孩子健全人格的养成。

## 82 爸爸或妈妈因为工作要离开家很久，你会怎么办？

时间：＿＿＿＿＿＿＿＿＿＿＿＿＿＿＿

地点：＿＿＿＿＿＿＿＿＿＿＿＿＿＿＿

童言无忌：＿＿＿＿＿＿＿＿＿＿＿＿

＿＿＿＿＿＿＿＿＿＿＿＿＿＿＿＿＿＿＿＿＿

＿＿＿＿＿＿＿＿＿＿＿＿＿＿＿＿＿＿＿＿＿

### 专家点拨

　　在孩子的成长过程中，父母也许会因为各种各样的原因暂时离开孩子，导致孩子产生分离焦虑。这时，大多数家长的做法要么是狠狠心，让孩子自己去适应分离的过程，要么就找出各种理由，阻止孩子哭闹，其实这些方法都不利于孩子成长。家长可以跟孩子聊聊这个话题，提前为孩子做好心理建设，帮助孩子正视"分离"这个问题。沟通时，我们应该用适合孩子年龄的方式解释离开的原因和时间长度，明确表达自己对孩子的关心和爱护，给予孩子情感上的支持。这样，孩子再遇到分离的情况，就不会那么焦虑了。

## 83 你想要一个可爱的弟弟或妹妹吗?

🕐 时间：

👣 地点：

👧 童言无忌：

### ☀ 专家点拨

　　现在的孩子都是家里的掌中宝，很容易养成霸道的性格，对弟弟妹妹的包容度很低。不懂得爱护比自己年龄小的弟弟妹妹，就容易制造麻烦。这个话题，就是让孩子想象自己多了一个可爱的弟弟或妹妹时会做出的反应。在沟通中，家长应培养孩子的同理心，让孩子理解"爱幼"的意义。当孩子表现出对弟弟妹妹的喜爱和关心时，家长要给予鼓励和表扬；如果表现出抵触情绪，也要正确引导。家长还要教导孩子妥善处理与弟弟妹妹之间的冲突和矛盾，学会分享，这样才能培养孩子爱护幼小的善良性格。

# 84 父母在争吵，你应该怎么做？

🕐 **时间：**

👣 **地点：**

👶 **童言无忌：**

每个孩子都见过父母吵架，当父母在吵架的时候，有些孩子会害怕，有些孩子会尝试劝架，这些表现都说明吵架对孩子已经产生影响了。但争吵在所难免，家长要做的就是提前为孩子做好心理建设。家长可以通过这个话题坦诚地跟孩子沟通、解释，让孩子明白父母的争吵与他无关，不管父母怎么争吵，都改变不了爱他的心。还可以跟孩子约定一个独属于他的暗号，下次遇到父母争吵时，让他发出暗号，父母就会冷静下来，停止争吵。这样不仅可以让孩子正视父母争吵的问题，还可以培养孩子理性解决问题的能力。

## 85 如果让你装饰一下自己的房间，你会怎么设计？

🕐 **时间：** ..................................................................

👣 **地点：** ..................................................................

🧒 **童言无忌：** ...........................................................

.................................................................................

.................................................................................

### 专家点拨

　　孩子成长到一定年龄后，需要一个独属于他自己的空间，这样才能培养他独立自主的性格。而孩子的喜好是多变的，随着年龄的增长，喜欢的房间样式也会发生改变。通过跟孩子讨论这个问题，家长可以了解孩子每个成长阶段的需求和想法，进而了解孩子的喜好和兴趣，协助孩子装饰出有助于孩子成长的房间，这样还能培养孩子规划和组织的能力。另外，孩子在思考房间如何布置时会尽情创造，这就有效地培养了孩子的想象力、独立性，也有助于孩子提高自信心。

## 86 难过的时候,你想要爸爸妈妈怎么安慰你?

⏰ 时间: _____

👣 地点: _____

👧 童言无忌: _____

_____

_____

**专家点拨**

　　对比成年人,孩子的情绪系统发育是不够健全的,他们承受负面情绪的能力比较弱,所以在难过的时候,很难对自己进行情绪疏导。儿童抑郁症患者的数量每年都在攀升,不论年龄大小,如果不好好疏导其负面情绪,就会造成很严重的后果。父母可以在孩子情绪稳定的情况下,让他理智地跟父母诉说自己难过时的情感需求,从而找到正确安慰孩子的方法,增进亲子之间的沟通和理解。这样做也可以让孩子感受到爱和关注,知道在难过的时候能得到帮助和支持,有助于孩子的心理成长。

## 87 你是家里的一分子，你觉得自己应该为家里做些什么？

🕐 **时间：** ..................................................................

👣 **地点：** ..................................................................

🧒 **童言无忌：** ..........................................................

..................................................................

..................................................................

　　现在的家长恨不得为孩子包办一切，舍不得让孩子做一点家务，这就导致了很多孩子不懂得体谅父母，不知道责任心为何物。实际上，孩子品行出现问题，很大一部分原因在于责任感的缺失。所以，孩子的责任心是家长必须重视的关键品质。家长可以先跟孩子聊聊这个话题，让孩子通过思考自己能为家里做什么事情，意识到自己也是家庭的一分子，从而明白在家庭中自己应该承担的责任和义务。同时，父母可以适当示弱，让孩子感觉被需要，从而产生承担责任的力量，这样也可以培养他们的自信心和坚毅的性格。

## 88 你能与爸爸妈妈分享在学校发生的开心或不开心的事情吗?

⏰ 时间: ....................................................

👣 地点: ....................................................

👧 童言无忌: ..............................................

....................................................

....................................................

### 专家点拨

　　孩子上幼儿园后,家长总是喜欢问孩子在幼儿园发生的事情,但孩子的思维和语言发展水平有限,有时候家长很难听明白他们到底想要表达什么。家长想要了解孩子的校园生活,问问题时就不要太过宽泛,否则孩子容易抓不住重点。这个问题就是具体问话的一个典型,家长在跟孩子闲聊时,搭配上时间、地点、人物、情绪等具体条件,从细节出发,才能快速调动孩子的兴趣,让孩子打开话匣子。这不仅可以拉近亲子之间的关系,还能培养孩子的语言表达能力和逻辑思维,让孩子成为一个性格开朗的人。

## 89 如果总分是十分的话，你觉得爸爸妈妈对你的爱有几分？

时间：............................................................

地点：............................................................

童言无忌：.......................................................

............................................................

............................................................

专家点拨

　　孩子对于父母对自己的爱是有明确感知的，这种感知会影响孩子的安全感，安全感又关乎孩子的自我归属感。通过经常与孩子讨论爱的话题，家长一方面可以随时了解孩子内心是否有充足的安全感，从而有针对性地增加亲子互动的时间，解决存在的问题；另一方面可以让孩子感受到父母对自己的关注和关心，拉近亲子距离。

# 六　社交能力

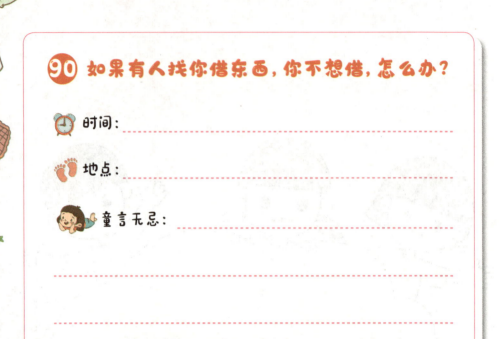

**90 如果有人找你借东西，你不想借，怎么办？**

🕐 时间：

👣 地点：

🧒 童言无忌：

**专家点拨**

有些孩子性格比较软弱，经常被同学借走东西不还，却不懂得开口拒绝。一方面，他们害怕拒绝之后朋友不再跟他们玩了；另一方面，他们的语言表达能力有限，无法明确表达出拒绝的意思。所以家长可以借这个话题，引导孩子学会如何拒绝别人。如果孩子比较胆小，我们可以通过这样的情景设想，让孩子先学会拒绝家长，即从熟人开始循序渐进地锻炼胆量。另外，家长还可以引导孩子找一个正当理由，用商量的语气拒绝对方，比如："我马上就要用，一会儿不用了再借给你。"这样不仅不会驳了对方面子，也可以为拒绝增加效力，锻炼说"不"的勇气。

**91** 看到自己的好朋友不开心，你应该怎么做？

时间：

地点：

童言无忌：

孩子成长到五六岁时，就开始有固定的朋友了，因为玩得好，孩子经常会受到朋友情绪的感染，但又因表达能力有限，看到朋友不开心也不知道如何安慰，这种情况有时候会让孩子们很苦恼，甚至影响到玩耍和学习。这个话题可以让孩子学会从他人角度考虑问题，提高孩子体察和捕捉他人情感的能力，促进儿童社会行为的发展。另外，家长可以让孩子学习如何正确安慰别人，使对方准确感受到自己的善意，达到安慰的效果，这也能帮助孩子提高情商。

**92** 好朋友过生日，邀请你去参加派对，你会如何为他准备礼物呢？

🕐 时间: ....................................................

👣 地点: ....................................................

👧 童言无忌: ....................................................

....................................................

....................................................

**专家点拨**

　　孩子容易害羞，不会交朋友，不妨试试让孩子学会送礼物，这对孩子情商的提高有很大的帮助。这个问题就是在引导孩子学会送礼的方法。首先，孩子会思考送什么礼物，准备什么祝福语，这不仅可以提高他们的思维能力，还能锻炼情商，改掉容易害羞的性格。其次，在准备礼物的过程中，家长要让孩子拿出自己的零花钱，根据零花钱的多少来选择礼物，这样可以提高孩子的财商，让孩子学会根据自身能力去选择适合的礼物，而不是大手大脚、铺张浪费。

## 93 别的小朋友是怎么评价你的？你觉得他们说得对不对？

时间：

地点：

童言无忌：

专家点拨

在日常生活中，我们不可避免地会收到别人对自己的评价，孩子同样如此，但孩子心智尚未发育成熟，很容易受到他人评价，特别是负面评价的影响。这时就需要家长帮助孩子理性看待他人的评价。通过这个话题，家长可以引导孩子去思考评价是否符合自己的真实状态，如果孩子确实存在缺点和问题，那么家长需要引导孩子学会接受不完美的自己，然后做出相应的调整和改正；

如果别人对孩子的评价并不符合实际，那就要引导孩子理性面对，学会肯定自己，树立积极、阳光、自信的心态。

## 94 如果有小朋友抢你的玩具，你应该怎么做？

⏰ 时间：......................................................

👣 地点：......................................................

👧 童言无忌：..................................................

...................................................................

...................................................................

### 专家点拨

　　年幼的孩子认知能力有限，总是以自我为中心，不太能理解规则和别人的感受，看中的东西都觉得是自己的，因此，打人和抢玩具的情况在孩子之间比较常见。虽然这是成长必须经历的一个阶段，但也要家长好好引导，不然，孩子容易变得自私。我们应提前做好教育，引导孩子学会分享和为别人考虑。此外，什么都分享也不行，还要让孩子认识到善意是相互的，分享也不是理所当然和无条件的，我们要正确判断对方的需求和合理性，然后再决定是否分享。这也能帮助孩子培养解决问题和自主选择的能力。

**95** 借给朋友的东西被对方弄坏了，你应该怎么做？

⏰ 时间：_____

👣 地点：_____

🧒 童言无忌：_____

_____

_____

专家点拨

　　孩子在与人交往的过程中，难免会遇到这样的情况：借出去的玩具被同学损坏，孩子却不知道如何处理。借这个问题，家长可以正确引导孩子，让孩子先推测对方是不是故意的，如果对方不是故意的，就要引导孩子学会原谅；如果对方是故意的，我们就要让孩子学会如何与对方协商沟通，要求对方赔偿，因为损坏别人的物品是要承担责任的。如果沟通无效，则建议孩子去寻求老师或者家长的帮助。这不仅可以锻炼孩子自己解决问题的能力，还能培养孩子的责任心和宽容心。

## 96 一个人对你很没有礼貌，你应该怎么回应？

🕐 时间：......................................................

👣 地点：......................................................

🧒 童言无忌：...................................................

......................................................

......................................................

### 专家点拨

　　在生活中，这种情况时有发生，孩子应该如何应对呢？忍让是绝对不可取的，这很容易让孩子产生逃避、自卑的心理，正确的做法是引导孩子学会合理反击。通过这个话题，家长可以预设一些场景和对话，有针对性地告诉孩子如何应对。比如有人说"你好丑啊！"，那么这时就要让孩子正面反击："没有美貌总比没有教养好。"反击过后，孩子应尽量避免和这样没有素质、不懂得尊重别人的人计较和纠缠，避免矛盾加深。这样不仅可以增强孩子的自尊心，还能培养他们积极应对问题的能力。

## 97 在游戏中你输给了你的朋友，你会怎么办？

🕐 时间：

👣 地点：

童言无忌：

**专家点拨**

　　"输不起"在小朋友中非常常见，大哭大闹和耍赖是他们最常用的办法。很多家长觉得孩子小，不用过多地干预和引导。殊不知，这是孩子逃避问题的表现，需引起家长重视。家长可以在睡前跟孩子聊聊这个话题，让孩子接纳失败的情绪，明白失败是再正常不过的事，没那么可怕，我们不要逃避，而要去直面它，树立积极的心态和自信。另外，要引导孩子找到失败的原因，分析失败的经验和教训，并帮助孩子找到改进的办法，这样可以培养孩子的创新性思维，提高解决问题的能力。

## 98 做错了事情，应该怎么办？

🕐 **时间：** -----------------------------------------

👣 **地点：** -----------------------------------------

👧 **童言无忌：** ------------------------------------

-----------------------------------------------------

-----------------------------------------------------

### 专家点拨

　　孩子犯了错却不懂得如何道歉，这是一种社交情感表达的缺失。通过这个话题，家长应引导孩子学会"认错"和"道歉"。首先，父母应让孩子明白，做错事情没关系，每个人都有犯错的时候，所以不用害怕承认错误。其次，鼓励孩子进行自我反思，引导孩子站在他人的角度上去思考问题，让孩子学会直面错误，体谅他人。最后，要引导孩子思考错误行为产生的不良后果，以及如何补救。这样可以培养孩子勇于承担的责任感，提高孩子解决问题的能力。

## 99 发现朋友欺骗了你，怎么办？

🕐 时间：

👣 地点：

👶 童言无忌：

**专家点拨**

　　孩子在成长过程中难免会遇到一些欺骗行为，有些欺骗来自朋友或陌生人，有些是善意的或恶意的，但孩子认知和识别能力有限，很难在被欺骗的情况下理性地做出判断。所以，提高孩子的防骗意识非常重要。家长可以为孩子提供一些场景、例子，教孩子正确识别欺骗行为，借机引导孩子树立诚实、正直和尊重他人的价值观。家长还应告诉孩子，在发现被欺骗后要保持冷静，

　　给对方一个解释的机会，如果欺骗是善意的或者对方诚心悔过，我们就要学会原谅和包容，这样也有助于培养孩子的包容心、理解心。

**100** 在上绘画课的时候，好朋友忘记带画笔了，你会帮助他吗？

🕐 时间：

👣 地点：

👧 童言无忌：

---

专家点拨

　　乐于助人是中华民族的传统美德，更是发展孩子健全人格，培养开朗、善良性格的基础，所以，乐于助人的品质应从小培养。这个话题能将孩子拉到场景中思考助人为乐的意义，从而引导孩子做出正确的选择。在沟通的过程中，家长可以告诉孩子，助人为乐是一种友善的行为，帮助别人不仅可以加深友谊，还能让我们获得强烈的幸福感。家长应鼓励孩子帮助他人，发展积极向上的人生观和价值观。

**101** 在学校有同学给你起了不好听的外号，你会怎么做？

⏰ 时间：_____

👣 地点：_____

👧 童言无忌：_____

_____

_____

_____

专家点拨

　　在学校里，起外号的行为在孩子间很常见，但很多外号带着嘲讽、恶意，严格来说，已经属于语言欺凌了，这很容易对孩子幼小的心灵造成伤害，所以家长千万不要忽视。首先，家长可以给孩子打打预防针，告诉孩子，给你起外号是对方没有素质，错在对方。其次，教孩子勇敢反击，比如"你这样我很不喜欢，请立即停止并向我道歉"。如果对方不听，就寻求老师的帮助。最后，引导孩子理性和冷静地看待外号，不把别人的话当真，别人就不能伤害到我们。这样可以让孩子学会保护自己，同时能培养孩子的自尊心和勇于拒绝的勇气。

## 102 如果你和你的好朋友闹矛盾了，怎么办？

⏰ 时间：

👣 地点：

🧒 童言无忌：

---

### 专家点拨

　　孩子经常会因为一些小事产生矛盾，友谊的小船说翻就翻。虽然孩子的情绪来得快去得也快，但矛盾若是积压或升级，仍然会对孩子造成伤害。家长可以跟孩子聊聊这个话题，引导孩子认识愤怒的情绪，告诉他们有情绪是正常的。家长也必须让孩子明白"原谅"的概念，以及什么行为可以原谅，什么行为不可以，这也有助于孩子规范自己的行为。同时，要让孩子学会直面矛盾、解决矛盾，是自己的错就要勇于认错，是自己的责任就要主动承担。

**103** 如果大哥哥大姐姐不愿意和你玩耍，你应该怎么办？

时间：

地点：

童言无忌：

专家点拨

　　孩子总喜欢找比自己大一点的孩子玩耍，但经常会遇到被拒绝的情况。这时，家长应该如何引导呢？首先，家长可以引导孩子识别并正确表达出这些感受，如难过、委屈等，避免他们遇到类似情况时控制不住情绪。其次，家长要和孩子共情，让孩子得到情感上的支持，再告诉孩子："每个人都不一样，对方不愿意和你玩，不是因为你不好，而是每一个人都有权利说不，我们要尊重对方。"这样不仅可以培养孩子与情绪共处的能力，也能培养孩子尊重他人的性格，提高交往的技能。

## 104 如果在学校被其他同学孤立了，怎么办？

🕐 时间：＿＿＿＿＿＿＿＿＿＿＿＿＿＿＿＿＿＿＿＿＿＿

🦶 地点：＿＿＿＿＿＿＿＿＿＿＿＿＿＿＿＿＿＿＿＿＿＿

🧒 童言无忌：＿＿＿＿＿＿＿＿＿＿＿＿＿＿＿＿＿

＿＿＿＿＿＿＿＿＿＿＿＿＿＿＿＿＿＿＿＿＿＿＿＿＿＿

＿＿＿＿＿＿＿＿＿＿＿＿＿＿＿＿＿＿＿＿＿＿＿＿＿＿

### 专家点拨

　　孩子在学校被人孤立了怎么办？很多家长面对这个问题都不知道如何引导。首先，家长可以告诉孩子，我们不用跟所有人搞好关系，因为每个人喜好不一样，所以被孤立不是我们不好，而是彼此之间兴趣不同而已。其次，带领孩子思考身边的人哪些比较友善，哪些不友善。既然对方会孤立你，就代表他／她并不友善，那我们就要想想是否一定要和对方做朋友。最后，要提醒孩子少跟不友善的人打交道，多跟友好、积极的人接触。这样不仅可以缓解孩子的负面情绪，还能让孩子学会辨别是非，清楚识人，从而收获真正的友谊。

## 105 想跟陌生的小朋友一起玩，你应该怎么做？

🕐 时间： ....................................................

👣 地点： ....................................................

👶 童言无忌： ....................................................

....................................................

....................................................

**专 家 点 拨**

　　孩子基本从 3 岁起就有社交需求了，他们会接触各种各样的小朋友。在小区里、学校里，孩子看着别人玩得很开心，总是蠢蠢欲动，想要加入。那想要加入陌生的圈子，孩子应该怎么做呢？家长可以告诉孩子："你可以大方地去跟对方沟通，表示自己想要一起玩耍。如果你的加入能让游戏变得更为有趣，对方肯定会热烈欢迎的。"家长应鼓励孩子多沟通，拿出有吸引力的优势，

　　比如好玩的玩具或游戏，让对方愿意和你一起玩耍。这不仅可以培养孩子的社交能力和沟通能力，还能改善胆怯、容易紧张的性格。

## 106 如果后面的同学老是踢你的凳子，你应该怎么办？

🕐 时间：......................................................

👣 地点：......................................................

👧 童言无忌：...............................................

............................................................

............................................................

### 专家点拨

　　在学校里，恶作剧屡见不鲜，在遇到这种情况时，孩子应该怎么办？家长常以为这是孩子间的小打小闹，殊不知，如果不正确引导，孩子可能长大后都不懂得保护自己。正确的办法是引导孩子学会自己解决问题。家长可以告诉孩子，喜欢恶作剧的人想看的就是别人被捉弄后愤怒的样子，所以遇到恶作剧时，我们要保持冷静，然后明确向对方表达自己的厌恶，严肃要求对方不要再这么做。如果对方仍然不知收敛，那就及时寻求他人帮助，这样才能学会保护自己。

七　处理问题的能力和危机意识

**107** 放学后，一个陌生阿姨（叔叔）在学校门口，说妈妈有事来不了，拜托她（他）来接你，你会跟她（他）走吗？

🕐 时间：..............................................

👣 地点：..............................................

童言无忌：..............................................

..............................................

..............................................

**专家点拨**

　　对孩子进行"防拐"教育的重要性无须强调，"不要跟着陌生人走"这种话，家长说了无数次，很多孩子在遇到诱惑或者骗局时还是不懂得如何判断。以这个话题为切入点，家长可以让孩子先了解清楚什么是"陌生人"，提高孩子的警惕性，这一点非常重要。另外，家长可以跟孩子一起模拟各种"拐卖"骗术、场景，让孩子"实战"一下。这样不仅可以提高孩子的防拐安全意识和自我保护能力，还能提高孩子的判断和决策能力。

## 108 在商场和爸爸妈妈走散了应该怎么办？

⏰ 时间：

👣 地点：

👧 童言无忌：

调查数据显示，走失的孩子中有85%以上是因父母的疏忽和父母走散的，家长就算一直把眼光放在孩子身上，仍不能避免有应付不来的情况。家长可以借这个话题告诉孩子，如果跟父母走散了，尽量留在原地等待，不要乱走。另外，要记住家人的电话、名字、住址等信息，这样不管走到哪里，都能在他人的帮助下联系上家人。如果需要求助的话，就找穿着制服的警察叔叔、工作人员、保安、店员等有特殊标志的人，不要随便寻求陌生人的帮助。这样不仅可以提高孩子的防走丢技能，还能培养孩子冷静面对问题、处理问题的能力。

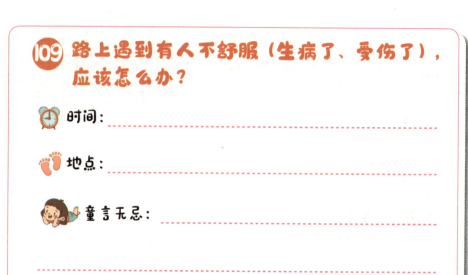

**109** 路上遇到有人不舒服（生病了、受伤了），应该怎么办？

⏰ 时间：

👣 地点：

🧒 童言无忌：

**专家点拨**

　　孩子在成长过程中，难免会遇到自己或他人突发疾病或意外受伤的情况，但孩子本身比较弱小，很难单独进行相关的救助，所以，教会孩子正确拨打120非常重要。家长应向孩子仔细解释120的作用，并让孩子知道什么时候该打120。家长还应告诉孩子遇到危急情况时要保持镇定，电话接通后，要尽量将病人或伤者的症状、伤情、地址等详细情况说清楚，然后保持电话畅通，等待救援。这样不仅可以让孩子学会如何正确应对突发状况，还能培养孩子善良、沉稳的品性。

## 110 家里起火了，应该怎么办？

🕐 时间：..................................................

👣 地点：..................................................

👧 童言无忌：...........................................

..................................................

..................................................

### 专家点拨

据统计，全国每年的火灾事故超过 30 000 起，其中 8000 多起是在家里发生的。而在所有火灾事故中，超过 20% 的受害者是孩子。所以，教导孩子掌握必要的消防安全知识非常重要。通过这个话题，家长可以教孩子认识火灾的危险性，了解火灾事故的起因，让孩子在使用和接触火、电时更加小心。借此机会，家长可以教孩子看懂各种消防安全标志，知道何时应拨打 119 求救，

了解必要的火灾预防措施和灭火办法，掌握基本的逃生技能，提高孩子的安全意识。

## Ⅲ 是不是所有的火都能用水扑灭？

⏰ 时间：---------------------------------------

👣 地点：---------------------------------------

🧒 童言无忌：-----------------------------------

-------------------------------------------------

-------------------------------------------------

### ⭐ 专家点拨 ⭐

　　很多人对火灾的第一反应是用水灭火，殊不知，灭火也是需要"对症"的。在沟通中，家长要告诉孩子，面对火灾时，不要慌张，应该沉着冷静地分析火灾的类型，再找出对应的灭火办法。比如，电路火灾不能用水来灭，因为水有导电性；油锅起火也不能用水扑灭，因为"油火"会四处飞溅，助长火灾的蔓延……这样跟孩子科普，可以提高孩子解决问题的能力。

**112** 在商场看到有比你小的小朋友跟家长走散了，哭闹着找妈妈，你应该怎么办？

⏰ 时间：

👣 地点：

👧 童言无忌：

专 家 点 拨

现在的小朋友基本上都是家里的"团宠"，这就导致很多孩子养成了懦弱、过分依赖他人的性格，并且缺乏责任心、同理心、爱心。家长应引起重视，对孩子进行责任心和爱心的培养。这个话题就可以引导孩子站在大哥哥（大姐姐）的角度去帮助弱小，让孩子学会在遇到事情的时候冷静思考，找出解决问题的办法，从帮助别人的过程中获得成就感和自信心。这样不仅可以培养他们的爱心，加强他们的责任感，还能提高他们的临场应变、解决问题的能力。

**113 在楼梯间可以和小朋友嬉戏打闹吗？**

⏰ 时间：

👣 地点：

🧒 童言无忌：

---

## 专家点拨

　　孩子天生爱动，喜欢追逐打闹，但他们的辨别力和自控力有限，对一些危险场所或者危险后果都缺乏正确的认识。很多时候，家长跟孩子直接说"不要在楼梯间打闹，好好走路"，孩子很难听进去，所以家长可以借这个问题，为孩子构建一个思考场景，通过启发式对话或事例讲解等方式，给孩子普及安全知识，让孩子警惕楼梯、过道等寻常地方的安全隐患，培养孩子的安全观念，提高孩子的自我保护能力。

## 114 一个人可以去有很多水的地方玩耍吗？

⏰ 时间：.............................................

👣 地点：.............................................

👧 童言无忌：.............................................

.............................................

.............................................

### 专家点拨

　　据统计，全世界每年有约 36 万人死于溺水，其中约 45% 是 1～14 岁的儿童。孩子天生喜欢玩水，但他们的自我保护意识不够，不知道水的危险性，等危险来临，往往为时已晚。通过这个话题，家长可以引导孩子认识水，普及预防溺水的知识，让孩子明白不私自下水游泳，不擅自与人结伴游泳，不在无安全措施、无救援人员的地方游泳，不去不熟悉的水域游泳等安全注意事项的重要性，提高孩子的安全意识。有时间还可以教孩子一些简单且必要的急救知识，提高孩子的安全技能，让孩子在紧急情况下可以帮助自己或他人。

## 115 你一个人在家，有陌生人敲门要进来，你会开门吗？

⏰ 时间：....................................................

👣 地点：....................................................

👧 童言无忌：..............................................

........................................................................

........................................................................

### 专家点拨

　　让年龄小的孩子独自在家可以说危险重重，但一些家长并未引起重视。实际上，孩子缺乏防备意识，他们很难识别陌生人的意图。所以，教会孩子如何应对有陌生人上门的情况非常必要。首先，通过这个话题我们可以让孩子知道，如果有人敲门，不要予以理睬，任何情况都要第一时间联系家长。其次，要让孩子学会识别陷阱和圈套，避免被骗。再次，家长可以跟孩子约定一个属于他们的暗号，对上暗号才能开门。这不仅可以激发孩子的好奇心，还可以培养他们的自我保护意识。

**116** 掉在地上的食物，我们还要捡起来吃吗？

🕐 时间：

👣 地点：

👧 童言无忌：

网络上有个"黄金三秒"的说法，即食物掉在地上，只要捡食物的动作够快，细菌就来不及污染食物，那捡起来的食物照样可以吃。实际上，这是不正确的。对孩子来说，食物是一种很难抵抗的诱惑，所以，食品安全教育刻不容缓。家长可以利用这个话题引导孩子明白食品安全的重要性，让孩子学会讲卫生，饭前、饭后要洗手，掉在地上的食物不能再捡起来吃等，增长孩子的食品安全知识，培养孩子良好的卫生习惯和健康的饮食习惯，帮助孩子安全健康地成长。

**17** 有一天你发现自己被锁在家里出不去了，你会怎么办？

⏰ 时间：_____

👣 地点：_____

🧒 童言无忌：_____

_____

_____

### ☀️ 专家点拨

孩子被反锁在家（或车）里的事情时有发生，很多孩子在被锁后没有自我解救的意识，反而因为恐惧丧失了最基本的判断和解决问题的能力，这说明他们的自我保护意识不够。通过这样的场景互动，家长可以告诉孩子，被锁并不可怕，第一时间要保持冷静，然后想想自救的办法。首先，孩子可以利用身边的通信工具寻求家长、消防员等大人的帮助。其次，不要到一些危险的地方做危险的事，如爬阳台、扒窗户等。再次，要学会一些简单的自救办法，如被锁车内要按喇叭等。这样不仅可以提高他们的安全意识，还能培养他们解决问题的能力。

## 118 地震了，我们应该怎么办？

🕐 时间：......................................................

👣 地点：......................................................

😊 童言无忌：..................................................

......................................................

......................................................

**专家点拨**

　　让孩子从小学习正确、科学的避震方法非常重要，也许在天灾来临时能为自己赢得一线生机。家长可以告诉孩子，地震发生时，如果在室内来不及逃脱，就应该迅速寻找掩体（结实的桌子、承重墙等），注意护住自己的头部。在室外则要远离高大建筑物、大树、电线杆等易倒塌且危险的东西。如果被困在废墟下，也要保持冷静，在想办法保护自己的同时，尽量弄出声音，引起救援人员的注意。这不仅可以提高孩子的防灾意识和应变能力，还能培养孩子的判断力。

## ⑲ 可以在马路上与小伙伴疯玩打闹，东张西望吗？

🕐 时间：．．．．．．．．．．．．．．．．．．．．．．．．．．．．．．．．．．．．．．．．．．．．．．．．．．

👣 地点：．．．．．．．．．．．．．．．．．．．．．．．．．．．．．．．．．．．．．．．．．．．．．．．．．．

童言无忌：．．．．．．．．．．．．．．．．．．．．．．．．．．．．．．．．．．

．．．．．．．．．．．．．．．．．．．．．．．．．．．．．．．．．．．．．．．．．．．．．．．．．．．．．．．．．．．

．．．．．．．．．．．．．．．．．．．．．．．．．．．．．．．．．．．．．．．．．．．．．．．．．．．．．．．．．．．

### 专家点拨

　　国内曾经对幼儿园小朋友做过调查研究，发现超过 50% 的小朋友认为，"过马路时，车子是不敢撞我的"，有的小朋友甚至觉得"红绿灯只管车，不管人"。孩子若对身边的危险因素没有正确的认知，家长就必须引起重视。家长可以通过这个问题跟孩子讲清楚红绿灯的正确观察方法，以及过马路时的各种安全隐患，让孩子学会眼观六路、耳听八方，切勿横穿猛跑。另外，家长要教育孩子远离停车区域，因为驾驶员坐在车里，视线会受到遮挡，有视野盲区。

## 120 有陌生的大人找你帮忙或者给你糖吃，你应该怎么办？

🕐 时间：_____

👣 地点：_____

😊 童言无忌：_____

_____

_____

专 家 点 拨

　　孩子在年龄比较小的时候，自我保护意识比较弱，很难抵制外界的诱惑。人贩子就是抓住孩子的这一特点，用零食、玩具等各种孩子喜欢的东西做诱饵，让孩子"中招"的。培养孩子抵制诱惑的能力非常重要，家长可以描述一个孩子经常接触的情景，引导孩子思考如何抵制不良诱惑，增强孩子的自控力和意志力。同时家长可以给孩子分析，什么情况下我们可以接受别人的东西，

　　什么情况下要拒绝别人的"好意"，这样可以提高孩子的判断力和防范意识。

## 121 路上看到井盖松动或者有缺损，我们应该怎么做？

🕐 时间：

👣 地点：

童言无忌：

---

### 专家点拨

井盖遍布城乡的每个角落，它们看似稳定、牢固，其中一部分却有非常大的安全隐患。我国每年因为井盖松动或损坏造成的安全事故数不胜数，对充满好奇心的孩子来说，更是危险异常，所以家长一定要让孩子警惕井盖。不管井盖是否松动或损毁，我们都要绕开它走，不能随意在上面踩踏玩耍。如果在行路的过程中发现松动或损坏的井盖，要及时打电话联系相关单位，或者做一个醒目的标志提醒别人。这样不仅可以提高孩子的观察力和安全意识，还能培养孩子的社会责任感。

**122** 从我们家走到学校，会经过哪些地方？能记住明显的标志吗？

🕐 时间：

👣 地点：

🧒 童言无忌：

认路方面的教育一直是家庭教育的盲点，因为很多家长认为孩子年龄小，记不住，也就不愿意多教。然而，让孩子记得回家的路是最基本的安全意识教育。通过这样的话题，家长可以引导孩子思考每天我们会去的地方有什么醒目的标志，让他们加深印象，学会认路。另外，家长要让孩子牢记家庭住址、父母的联系方式，这些信息越详细越好。为了激发孩子的兴趣，还可以设计一些"你问我答""抢答"的游戏，达到让孩子"复习"的目的。这样不仅可以提高孩子的安全意识，还能培养孩子独立自主的能力。

## 123 如果有人想要碰你的隐私部位，应该怎么办？

🕐 **时间**：

👣 **地点**：

🧒 **童言无忌**：

---

### 专家点拨

　　很多父母对性教育有很强的排斥心理，谈"性"色变，却不知在素质教育以外，及早对儿童进行性教育最为重要，因为科学开展儿童性教育可以让孩子树立健康的性价值观，帮助孩子认识性、理解性，从而远离相关伤害。通过这个问题，家长应让孩子知道哪些属于隐私部位，认识男生和女生不一样的地方。家长还要教育孩子，如果有人触碰到自己的隐私部位或做了让自己不舒服的事情，一定要及时告诉老师和家长，千万不要隐瞒。这样可以帮助孩子避免受到不法侵害，还能提升孩子的自我保护和尊重他人的能力。

**124** **我们可以在家湿手碰插座、玩打火机、攀爬窗户吗？**

🕐 时间：........................................

👣 地点：........................................

😊 童言无忌：........................................

........................................

........................................

**专 家 点 拨**

　　全球儿童安全组织曾经做过调查，儿童的意外伤害事故中有61.2%发生在家里，由此可见，家并不是完全安全的地方。因为孩子的行动力远远超出孩子对危险的认知能力，所以家长一定不能忽视孩子的家庭安全教育。通过这个话题，家长可以让孩子认识家里危险的东西和地方，如插座、刀叉、阳台等，给孩子树立一个安全边界和规则，明确告诉孩子尖锐物品不能动、不可私自接热水、不能攀爬阳台或窗户等。这样能提高孩子的安全意识，让他们远离危险。

**125** 那天你拼积木好几次没成功，非常生气，你认为应该如何对待失败？

⏰ 时间：..........................................................

👣 地点：..........................................................

 童言无忌：.................................................

..........................................................

..........................................................

**专家点拨**

　　直面失败需要勇气，而这种勇气对孩子一生的成长非常重要。在当前的社会环境中，孩子们大多被大人捧在手心里，遇事容易以自我为中心，经常回避挫折。家长可以经常和孩子聊聊挫折、失败的话题，引导孩子了解失败是常态，告诉孩子应当坦然面对失败，并找到反败为胜的方法，使孩子拥有健康的心态和强大的内心，提高受挫力，不轻言放弃。

八　情绪管理能力

**126** 你很想要一种玩具，但妈妈就是不给你买，你应该怎么做？

⏰ 时间：

👣 地点：

👧 童言无忌：

**专家点拨**

　　孩子逛商场，看到玩具走不动路，不给他买就哭闹打滚，这种情况非常普遍，一部分家长对此无可奈何。其实，孩子撒泼是在释放愤怒的负面情绪，想引起家长注意，家长要及时做好情绪疏通，否则会让孩子养成坏脾气。通过这个话题，家长可以提前给孩子做好心理建设，跟孩子分析不能购买玩具的原因，要让他明白哭闹不能解决问题，情绪稳定才能找到解决办法。同时，可以与孩子约定一个情绪指令，如拥抱、牵手，引导孩子将情绪稳定下来。这样不仅可以提高孩子的情绪感知力，还可以帮助孩子更好地控制自己的情绪。

**127** 心爱的猫咪生病了，你很难过，该怎么办？

🕐 时间：

👣 地点：

童言无忌：

　　大量研究和临床数据显示，儿童抑郁症患者在抑郁症患者中的比例超过 15%，这说明孩子也很容易遇到情绪困境，家长需要及时对孩子的负面情绪进行干预和疏导。家长可以借一件难过的事情让孩子表达自己的心情，引导孩子认识负面情绪，并且让孩子知道他们并不孤单，父母永远都会陪伴他们，从而给孩子情感上的安慰。然后，家长再跟孩子一起想办法解决发生的事情。这不仅可以增强孩子的情绪表达能力，还能提高孩子的情绪管理能力。

**128** 努力学习了很久，仍然背不熟课文，对此你很沮丧，该怎么办？

🕐 时间：....................................................

👣 地点：....................................................

👧 童言无忌：....................................................

....................................................

....................................................

☀️ 专家点拨

　　沮丧的情绪大家应该都不陌生，相比较难过，它来得更缓慢一些。自我认知和追求没有达到理想效果时，我们就很容易产生沮丧的情绪。如果处理不好沮丧的情绪，孩子就很容易自我否定，掉进负面情绪的旋涡。这个问题就可以让孩子通过想象场景，了解沮丧是一种什么感受，帮助孩子梳理情绪，然后引导孩子自己想办法走出沮丧的情绪困境，找出"背不熟课文"的根本原因，再对症解决，或者寻找更适合的背诵方式攻克这个问题。这不仅可以让孩子学会勇敢面对失败，还能培养孩子积极、自信的心态。

**129** 生日没有收到心仪的礼物，是不是很失望？这时应该怎么办？

⏰ 时间：

👣 地点：

👧 童言无忌：

孩子在成长过程中会无数次与失望这种情绪打交道，如果能正确且积极地应对失望，孩子将受益终生。通过这个问题，家长能够了解失望的情绪对孩子的影响有多大，从而找到消除失望情绪的突破口。在沟通中，家长应鼓励孩子表达自己的感受，给予孩子倾听和安慰，让孩子知道有人能理解他们；引导孩子学会宽容、爱人，培养积极健康的心态；给予孩子鼓励和支持，帮助孩子解决负面情绪带来的困扰。

## 130 为什么你喜欢哭呢？

🕐 时间： .............................................

👣 地点： .............................................

👧 童言无忌： .............................................

....................................................

....................................................

### 专家点拨

　　有些孩子生性敏感，遇到一点小挫折或听一句重话就开始哭，一哭一小时以上，家长对此非常头疼。其实，哭是孩子发泄情绪的一种方式，我们不要全盘否定。我们可以选择在孩子情绪稳定时问这个问题，了解孩子哭的原因，同时给予适当的情绪安抚，如拥抱、亲吻等，让孩子放下戒备，打开心扉跟你讨论这个问题。然后，家长应帮助孩子找到改变"爱哭"这个习惯的办法，让孩子学会控制自己的情绪。这不仅可以提升孩子的安全感，还能帮助孩子树立自尊心和自信心，勇敢面对未来。

## 131 遇到一件让你感觉很害怕的事情应该怎么办？

🕐 时间：

👣 地点：

👧 童言无忌：

---

专家点拨

　　心理学研究表明，孩子的惧怕心理80%是后天养成的。经常被父母吼骂，被人伤害过……这些事情都会让孩子产生惧怕的情绪。要知道惧怕情绪积压，容易让孩子养成胆小怕事、自卑的性格。所以，父母要在生活中帮助孩子克服恐惧，学习如何做一个勇敢、自信的人。通过这个问题，家长可以引导孩子认识惧怕情绪，了解惧怕的原因，然后帮助孩子找到克服恐惧的办法。这不仅可以培养孩子自信心和安全感，还能让孩子学会独立。

## 132 如果被人冤枉了，你会怎么办？

🕐 **时间：**
.................................................................

👣 **地点：**
.................................................................

 **童言无忌：**
.................................................................

.................................................................

.................................................................

**专家点拨**

　　在成长过程中，误会和被冤枉的情况亦不鲜见，这个时候，孩子都会产生委屈的情绪，家长应该如何引导呢？家长不要不分青红皂白地去为孩子讨公道，而是应首先关注孩子的负面情绪。家长应耐心地倾听孩子对事件的描述和感受，给予孩子足够的信任和尊重，然后鼓励孩子勇敢、清晰地解释，获得别人的理解，冷静地找到解决问题的办法。这样不仅可以培养孩子解决问题的能力，提高孩子的情绪稳定性，还能让孩子学会建立良好的人际关系。

## 133 学校里有没有让你觉得很讨厌的同学？

⏰ 时间：

👣 地点：

🧒 童言无忌：

---

　　"厌恶"是我们身体的一种自然反应，这种反应是由多种因素造成的，它一产生，就很容易让人们烦躁、不满，甚至进而产生敌对的情绪，让人压力倍增。对不会自我调节的孩子来说，厌恶情绪的影响更大，所以家长要及时发现和疏导。通过这个问题，家长可以了解孩子的厌恶情绪的诱因，教会孩子正确应对厌恶情绪的办法，如深呼吸、冥想和情绪转移等。学会管理厌恶情绪，有助于孩子远离一些潜在危险和不适，让孩子可以更好地应对生活中出现的各种挑战，还能提高孩子的情商。

## 134 你很在意的一场比赛失败了怎么办？

🕐 时间：

👣 地点：

👧 童言无忌：

### 专家点拨

孩子在成长过程中会经历无数次失败，而每次看到孩子失败，家长就想立即对孩子施以援手。殊不知，家长介入太多，孩子的挫败感不光不容易消失，甚至还会得到强化。家长可以让孩子在情绪稳定的情况下思考"失败"这个问题，引导孩子打败挫败感。孩子应当学会表达自己的感受，保持情绪稳定，理性思考失败的原因，这样才能吸取前车之鉴。这不仅可以让孩子正确面对挫败感，还有助于孩子养成事后复盘的习惯。

## 135 有人夸奖你，你会感觉害羞吗？

⏰ 时间：................................................

👣 地点：................................................

 童言无忌：................................................

................................................

................................................

**专家点拨**

　　菲利普·津巴多的团队曾经对5000人进行过关于害羞的调查，发现60%的人容易产生害羞的情绪。"害羞"与其说是一种情绪，还不如说是一种心理障碍，因为害羞的人倾向于回避社交，甚至在一定程度上无法维护自己的合法权益，所以克服害羞需要从小抓起。家长可以让孩子进行克服羞怯的练习，减轻孩子的抵触心理，让孩子敞开心扉，正视害羞情绪。之后家长再循循善诱，帮助孩子逐步树立信心，坦然面对害羞情绪。这不仅可以培养孩子的自信心，还能增强孩子的社交能力。

**136** 如果有人当着他人的面骂你，你会怎么做？

🕐 时间：

👣 地点：

👧 童言无忌：

## 专家点拨

网络上经常有家长带着孩子练习如何回击别人语言暴力的视频，其实这种"捅回去"的方式并不可取，你来我往的争吵很容易使事态失去控制，反而落入了施暴者的圈套。借这个问题，家长可以教会孩子如何正确应对他人的语言暴力。首先，家长应鼓励孩子在受到语言暴力侵害时正确且清晰地描述事件的前因后果，寻求周围人的支持，让自己成为有理的一方，理性地思考改变现状的办法。如果自己实在解决不了，就要学会"告状"，求助老师和家长。这样才能帮助孩子掌握独立解决问题的能力，保护孩子不受欺负。

**137** 课堂上没有被老师点名回答问题，你会不会有些失落？

时间：

地点：

童言无忌：

---

孩子在课堂上积极举手，老师却没叫他回答问题，孩子在这时很容易产生失落的情绪，如果不加以疏导，孩子的热情就很容易被浇灭，甚至丧失学习动力。如果遇到这样的情况，家长可以引导孩子表达出失落的感觉。家长要耐心听完孩子的讲述，然后抱抱孩子，认可和赞扬孩子认真听讲、积极举手发言的行为。沟通中，家长可以引导孩子进行换位思考："如果你是老师，看到那么多同学举手，你会怎么做？"最后再跟孩子做一个约定，下次遇到这样的情况，就算老师没有抽到你，你也要在心里表扬自己一下。

**138** 别的小朋友比你漂亮或者帅气，你会羡慕或者嫉妒对方吗？

时间：..............................................................................

地点：..............................................................................

童言无忌：.......................................................................

..............................................................................

..............................................................................

**专家点拨**

　　嫉妒是一种常见的情绪，在看到别人拥有自己没有的东西或者别人受到赞扬时，这种情绪最为明显。这种情绪如果不加以处理，很容易影响孩子健康性格的养成和人际关系的维护。通过这个问题，家长可以让孩子说出自己的感受，带领孩子认识嫉妒，寻找嫉妒产生的原因。找到根源后，家长要注意培养孩子正确的价值观，告诉孩子："每个人都有自己的优点和不足，不要同别人比较太多。"家长还可以为孩子立一个榜样，用榜样的力量引导孩子明白自我认可和努力的重要性，这也有助于孩子增强自信心。

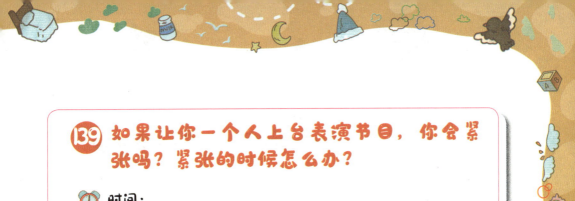

**139** 如果让你一个人上台表演节目，你会紧张吗？紧张的时候怎么办？

⏰ 时间：.................................................

👣 地点：.................................................

👧 童言无忌：..............................................

..............................................

..............................................

专家点拨

孩子在上台表演节目，跟陌生人说话，或遇到考试这样的正式场合时，容易产生紧张的情绪，这不仅影响孩子正常水平的发挥，还容易造成心理阴影，影响心理健康。通过这个话题，家长可以判断孩子可能的压力源，从而帮助孩子正确应对压力。另外，应适当和孩子共情，让孩子觉得得到了支持，再引导孩子寻找缓解压力的办法。这不仅可以有效缓解孩子的心理压力，增强孩子的心理素质，还能提高孩子的自信心。

## 140 在陌生的环境中，你会不会感到焦虑不安？

⏰ 时间：..................................................

👣 地点：..................................................

🧒 童言无忌：..............................................

.........................................................

.........................................................

### 专家点拨

　　孩子到一个新环境，遇见新面孔时，容易产生焦虑情绪，这主要还是因为孩子缺乏安全感。作为孩子最亲密、最信任的家长，要提前为孩子做出正确的引导。家长可以在家里经常跟孩子模拟到陌生环境的情景，让孩子慢慢适应环境变化带来的各种感受和体验。家长要多给孩子一些安慰和陪伴，让孩子感受到足够的爱和关心，这样孩子才不会缺乏安全感。这样的场景模拟，不仅可以增强孩子的安全感和适应能力，还能培养孩子自我调节的能力，促进孩子心理健康。

**⑷ 假如摔坏了妈妈最喜欢的化妆盒，你会内疚吗？**

🕐 时间：....................................................................

👣 地点：....................................................................

👧 童言无忌：................................................

....................................................................

....................................................................

专 家 点 拨

　　在做错事之后，大部分孩子是能意识到自己的错误的。因此，他们内心深处会滋生很强烈的自责感和愧疚感。一些家长习惯用责备、打骂的方式来教育孩子，这不仅容易让孩子产生叛逆心理，还会影响他们对待"错误"的态度。通过这个问题，家长可以带领孩子换位思考，让孩子体会对方东西被弄坏后的心情，深刻认识到自己的错误，然后再引导孩子思考如何补救和解决。这样的

　　沟通不仅可以培养孩子的责任感，还能让孩子学会调整自己的情绪，培养正确的价值观。

## 142 结账时有人插队，你会直接大声指责吗？

⏰ 时间：.................................................

👣 地点：.................................................

🧒 童言无忌：.................................................

.................................................

.................................................

.................................................

### 专家点拨

　　生活中，插队的情况并不少见，且在一定程度上扰乱了社会秩序。所以，家长除了要培养孩子自觉排队的文明习惯，还应教导孩子正确处理插队问题。家长要告诉孩子，自觉排队是文明修养的体现，但对插队现象也要具体问题具体分析。如果对方有紧急情况，则可以选择主动礼让，帮助需要帮助的人。如果遇到故意不守规矩的，那我们可以先礼貌地提醒对方，若对方不配合，再找工作人员去制止不文明的行为。这样做不仅可以培养孩子的规则意识和正义感，还可以提高孩子解决问题的能力。